2018 年度江西省高校人文社会科学研究项目：
"要素错配下支农财政政策的绩效评价与优化研究"

刘易斯拐点、
农业生产决策与环境效应

吴伟伟 著

LEWIS TURNING POINT,
AGRICULTURAL PRODUCTION DECISION AND
ENVIRONMENTAL EFFECT

社会科学文献出版社
SOCIAL SCIENCES ACADEMIC PRESS (CHINA)

谨献给我的家人以及学术之路上为我提供无私帮助的人

摘　要

　　中国市场化经济改革为经济增长释放了巨大的政策红利，在改革开放和供给侧改革的宏观背景下，农业取得了长足的发展。农业是国民经济的基础，农业现代化是保障农产品供给和粮食安全的根本，在新的经济发展环境下，我国农业经济的增长路径值得深入探讨。改革开放之后，农村劳动力转移从多维角度影响中国经济增长，在转移的初期阶段，廉价农村劳动力为城市非农产业的资本积累和快速成长做出了重要贡献。然而，21世纪初开始持续出现的"民工荒"和农民工工资上涨等一系列现实问题让我们反思中国农村是否还存在刘易斯意义上的绝对剩余劳动力，劳动力转移除了提高农民收入以外，是否会给农业生产带来冲击。中国农村剩余劳动力已越过"刘易斯拐点"是学术界普遍接受的观点，也是本书所有分析的基本前提假设，在此背景下，本书探讨了农村劳动力转移对农业生产决策和农产品供给的影响，并进一步探讨了由农业生产要素投入结构的变化而引起的环境效应。本书的研究结果表明农村劳动力转移在减少农村劳动力绝对数量的同时，也使女性、年龄偏大和受教育程度相对较低的劳动者逐渐成为主要务农劳动力，降低了农业生产效率和农产品产量。基于"准自耕农"的土地制度假定和经典的劳动供给模型，务农收入上升会降低农业劳动者的务农劳动供给弹性，当务农收入上涨带来的收入效应大于替代效应时，劳动者减少务农劳动时间。另外，近年来中国实施的一系列惠农政策会强化个体劳动者由务农收入上涨带来的收入效应，这进一步减少农村总务农劳动投入，即便其他农业生产要素投入量增长，如果农产品供给增长不能满足需求增长，也必将导致农产品价格上涨，理论分析结果与近年来农产品普遍持续上涨的现实相吻合。在农产品价格上涨的激励下，农村劳动力转移有利于改变传统以劳动力投入为主的农业生产模式，增加农业资本要素投入，提高农业生产效率和农业产出，但也会给农业生产环境造成更大的压力，农业发展支持政策在一定程度上会强化这一效应，增加农业碳排放量。因此，在农村实际务农劳动力越来越稀缺的情况下，政府既需要通过相关支持政策引导农业生产方式转型，也需要关注农业生产要素的合理使用，在建立现代农业生产方式的同时，提高农业增长质量。

Abstract

Market-oriented economic reforms in China have released huge policy dividends for economic growth. Under the macro background of reform, opening up, and supply-side reforms, agriculture has achieved considerable development. Agriculture is the foundation of the national economy, and modernization of agriculture is the foundation for ensuring the supply of agricultural products and food security. Under the new economic development environment, the growth path of China's agricultural economy deserves further discussion. After the reform and opening up, the transfer of rural labor forces has affected China's economic growth from a multidimensional perspective. In the initial stage of transfer, cheap rural laborers have made important contributions to the accumulation and rapid growth of urban non-agricultural industries. However, a series of empirical facts such as the "shortage of rural workers" and the rising wages of migrant workers that began to emerge at the beginning of this century have begun to reflect on whether there is absolute surplus labor in the sense of Lewis in rural China and whether the transfer of labor force will have Impact on agricultural production excepting for increasing the income of peasants. That the surplus rural labor force in China has surpassed the "Lewis Turning Point" is accepted by the academic community as a basic judgment and is also the basic premise of all analyses in this book. Under this background, the book discusses the impact of rural labor transfer on agricultural production decisions and agricultural product supply. It further explored the environmental effects caused by changes in the input structure of agricultural production factors. The research results of this book show that while the rural labor force transfer reduces the absolute number of rural laborers, it also makes women, older workers, and workers with relatively low education levels gradually become the main agricultural labor force, reducing agricultural production efficiency and agricultural product output. Based on the "quasi-land-holding peasant" assumption of the land system and the classical model of labor supply, the increase in agricultural income will reduce the elasticity of agricultural labor supply for agricultural laborers. When the income effect from the increase in agricultural income is greater than the substitution effect, the laborer reduces the time spent on farming. In addition, a series of favorable agricultural policies implemented by China in recent years will strengthen the income effect of individual workers due to rising farm income, and further reduce the total agricultural labor input in rural areas. Even if the input of other agricultural production factors increases, the growth in the supply of agricultural products cannot be met. The increase in demand will inevitably lead to the increase in the prices of agricultural products. The theoretical analysis results are consistent with the reality of the continuous rise of agricultural products in recent years. Inspired by the increase in agricultural product prices, the transfer of rural labor forces will help change the traditional agricultural production model that focuses on labor input, increase investment in agricultural capital, increase agricultural production efficiency and agricultural output, but it will also cause greater impact on the agricultural production environment. With the pressure, agricultural development support policies will intensify this effect to a certain extent and increase agricultural carbon emissions. Therefore, under the situation that the rural labor force is increasingly scarce, the government needs to guide the transformation of the agricultural production mode through relevant support policies, and also needs to pay attention to the rational use of agricultural production factors, and increase the quality of agricultural growth while establishing modern agricultural production methods.

目　录

第一章 绪论

一 研究背景和意义

中国自1978年实行市场化改革以来，经济增长迅速，国内生产总值已位居世界第二。与此同时，经济结构发生重大变化，第二产业和第三产业的规模迅速扩张，相比之下农业增加值与国内生产总值之比由改革开放初期的28%下降到2016年的9%（见图1-1）。农业是固国之本，农业、农村和农民问题一直受到政府和学术界的重点关注，在经济发展过程中，如何引导农业部门的健康稳定发展、保障农产品供给和粮食安全是亟待重点解决的问题。

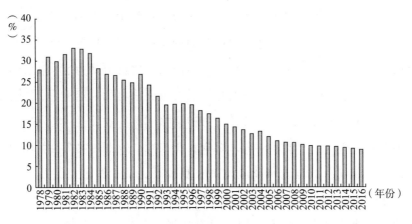

图1-1 农业增加值与国内生产总值之比

资料来源：根据国家统计局相关数据计算得到。

中国是世界上人口规模最大的国家,农业人口占比较高,然而耕地资源却相对匮乏,人均耕地面积只有 0.09 公顷,不到世界平均水平的一半,人多地少的现实窘境使得农村剩余劳动力具有强烈的转移意愿。改革开放之前,受计划经济时代下户籍制度和城乡分割体制的束缚,剩余劳动力被严格束缚在农村,1978 年农业劳动力有 2.85 亿人,占全社会总劳动力的 70% 左右,直到改革开放初期,农村劳动力外出数量也很少,大约为 200 万人,并且大部分流动范围局限于农村内部,到 20 世纪 80 年代末,外出农村劳动力达到 3000 万人,转移数量逐年递增,2017 年,全国农民工总数达到 28652 万人,其中外出农民工 17185 万人①。农村劳动力进城务工成为中国经济发展的一个重要特征,改变了人口的空间分布,为非农部门的发展提供源源不断的廉价劳动力,有利于提高劳动力资源配置效率、促进农民收入增长、缓解贫困,对中国经济发展带来的多维影响不容忽视。与之前劳动力转移特征不同,2004 年之后的劳动力转移呈现转移规模扩大与"民工荒"、农民工工资上涨等经济现象并存的特征,在经济发达的东部沿海地区,企业经常面临用工短缺的问题,同时需支付给非熟练农民工工资逐渐增加。与此同时,就近转移的劳动力人数减少,异地转移就业的劳动力数量增加,青壮年和男性劳动者成为农村劳动力转移的主要人群,受教育程度高的劳动力比受教育程度低的劳动力更倾向到城市务工,导致农业劳动力出现老龄化、女性化现象。这一系列特征事实预示着农村劳动力逐步由绝对剩余转变为相对剩余,中国农村已不拥有无限廉价劳动力的供给能力,即刘易斯意义上的绝对剩余劳动力。农村劳动力转移除了提高农民收入以外,也需要反思是否会给农业生产带来冲击,影响农业的生产效率和农产品供给量。

根据库兹涅茨的理论研究假说,农业劳动力减少是经济发展的必然结果,农业剩余劳动力向外转移作为资源再配置过程,对中国全社会劳动生产率的提高有着极大的促进作用,对经济增长具有重要意义。刘易斯最初

---

① http://www.stats.gov.cn/tjsj/zxfb/201804/t20180427_1596389.html.

的二元经济理论假定传统部门剩余劳动力的边际产出为零，如果将传统部门仅理解为农业部门，只要剩余劳动力没有越过刘易斯拐点[①]，则劳动力转移就不会影响农业产出。然而绝对剩余劳动力假定作为刘易斯理论的核心前提，在之后的相关研究中逐渐受到挑战，农村劳动力转移对农业生产的影响非常复杂。农村劳动力的转移，一方面减轻了务农劳动力人数和农村单位土地的承受负担，增加了单位务农劳动力的耕地面积，使农民的收入逐渐增加；另一方面也为城市工业部门的扩张提供了廉价的劳动力，降低了生产成本，有利于工业部门积累资本，扩大投资。当我们习惯于关注农村劳动力流动的"前向影响"时，也应该逐渐增强对劳动力流动"后向影响"的关注。

2018 年中央一号文件明确指出没有农业农村的现代化，就没有国家的现代化，当前农业发展仍然面临一系列亟待解决的问题，比如提高农产品供给质量、改善农村生态环境、提升乡村发展的整体水平等。现阶段国家仍在大力推进农业供给侧改革，构建现代农业产业体系、生产体系、经营体系，以期提高农业创新力、竞争力和全要素生产率。改革开放以来，我国农业发展水平已显著上升，农业经营主体形成多元化的局面，但农户仍然是农业的主要经营主体之一，分析农村劳动力转移对农业生产决策的影响具有较强的现实意义。

二　相关研究综述

自从我国放松对农村劳动力向外转移的制度限制，大量农村剩余劳动力为寻求更高收入而转移到非农业部门[②]，继续留在农村的劳动力的规模

---

① 一般认为存在两个刘易斯拐点：当剩余劳动力由绝对剩余转向相对剩余时，即越过了第一个刘易斯拐点；当农村劳动力开始按边际产出获得工资时，两部门工资水平逐渐趋于一致，即越过了第二个刘易斯拐点。

② 蔡昉：《劳动力迁移的两个过程及其制度障碍》，《社会学研究》2001 年第 4 期；程名望等：《中国农村劳动力转移动因与障碍的一种解释》，《经济研究》2006 年第 4 期。

和结构随之发生变化，郭熙保等的调查数据显示我国农村留守农民呈现老龄化、女性化和低素质化的现象①，李旻等认为劳动力转移带来了农业劳动力的老龄化，并处于加速阶段②。经验数据与关于农村劳动力转移顺序的理论研究是一致的，赵耀辉、李实从流动动机的角度分析得出妇女、老人及受教育程度更低的劳动者更倾向于留在农村从事农业劳动③。

　　在农村存在大量剩余劳动力的习惯思维下，劳动力流动导致农村务农劳动人口变动对农业生产的影响长时间内被忽视，国外经典的二元经济理论也较多地解释了劳动力流动的原因、机制和途径④，而较少讨论劳动力在部门间的流动对流出部门的影响。近年来，民工荒、农民工工资上涨及农产品价格上涨等一系列经济现象的出现引起学术界对农村剩余劳动力数量的反思⑤，农村务农劳动人口结构和规模的变动对农业生产的影响备受关注，但相关研究结论仍存在差异。李旻等的分析认为农业劳动力老龄化在农业生产上表现出一定的劣势⑥，杨俊等认为以中年劳动力为主的农户耕地效率是最高的⑦，然而，胡雪枝等分析认为由于存在较好的"农业机械外包市场"和"从众决策"机制，农业劳动力老龄化可以通过向其他人

① 郭熙保等：《我国农村留守劳动力结构劣化状况及其对策思考——基于湖北、湖南、河南三省调查数据的分析》，《中州学刊》2010年第5期。
② 李旻等：《农村劳动力流动对农业劳动力老龄化形成的影响——基于辽宁省的实证分析》，《中国农村经济》2010年第9期。
③ 赵耀辉：《中国农村劳动力流动及教育在其中的作用——以四川省为基础的研究》，《经济研究》1997年第2期；李实：《中国农村女劳动力流动行为的经验分析》，《上海经济研究》2001年第1期。
④ Lewis, W. A., "Economic Development with Unlimited Supplies of Labour", *The Manchester School* 22 (2), 1954; Ranis, G., Fei, J. C. H., "A Theory of Economic Development", *The American Economic Review* 51 (4), 1961; Jorgenson, D. W., "Surplus Agricultural Labour and the Development of a Dual Economy", *Oxford Economic Papers* 19 (3), 1967.
⑤ 蔡昉等：《"民工荒"现象的经济学分析——珠江三角洲调查研究》，《广东社会科学》2005年第2期。
⑥ 李旻等：《农村劳动力流动对农业劳动力老龄化形成的影响——基于辽宁省的实证分析》，《中国农村经济》2010年第9期。
⑦ 杨俊等：《农业劳动力年龄对农户耕地利用效率的影响——来自不同经济发展水平地区的实证》，《资源科学》2011年第9期。

学习，并租用农业机械来弥补自身体能下降和人力资本不足的劣势，因而不会影响粮食产量[1]。另外，林本喜等分析了农业劳动力老龄化对土地资源利用效率的影响[2]。女性化也是现在农村务农劳动力的显著特征，张原等认为在"男出女守"的家庭分工模式下，留守妇女由于角色的多重性，承担了更多的农业劳动和其他家庭工作，劳动参与率较高，在农业生产方面，因对生产技术的掌握不足等原因，女性务农劳动者可能生产水平更低[3]。当然，也有研究认为这一特征并不会改变农业产出[4]。

影响农业生产决策的因素是多元的，宏观上包括经济体制、土地制度和农产品市场建设等，微观上包括农户的决策目标、风险偏好、信息处理能力、农民身份多重性等，甚至有时候还得考虑农户的非理性行为[5]。任常青建立了考虑价格风险和生产风险的生产决策模型[6]，方松海从劳动产生的负效用角度出发分析了农户的生产决策[7]，刘帅等分析了农户在兼顾农产品生产者和消费者双重身份的情况下粮食生产决策的问题[8]。在农村劳动力大规模流动背景下，出于对农业劳动生产效率以及余留劳动力的人口特征的考虑，农户真正从事务农劳动成员的规模结构和相互作用也应加

[1] 胡雪枝等：《农村人口老龄化对粮食生产的影响——基于农村固定观察点数据的分析》，《中国农村经济》2012年第7期。
[2] 林本喜等：《农业劳动力老龄化对土地利用效率影响的实证分析——基于浙江省农村固定观察点数据》，《中国农村经济》2012年第4期。
[3] 张原等：《中国农村留守妇女的劳动供给模式及其家庭福利效应》，《农业经济问题》2011年第5期；李旻等：《农业劳动力"女性化"现象及其对农业生产的影响——基于辽宁省的实证分析》，《中国农村经济》2009年第5期。
[4] Zhang, L., Brauw, A. D., Rozelle, S., "China's Rural Labor Market Development and Its Gender Implications", *China Economic Review* 15 (2), 2004.
[5] Gasson, R., "Goalsand Values of Farmers", *Journal of Agricultural Economics* 24 (3), 1973; Fishbein, M., Ajzen, I., "Belief, Attitude, Intention and Behaviour: an Introduction to Theory and Research", *Philosophy & Rhetoric* 41 (4), 1980.
[6] 任常青：《自给自足和风险状态下的农户生产决策模型——中国贫困地区的实证研究》，《农业技术经济》1995年第5期。
[7] 方松海：《劳动负效用与农户生产决策模型的重构：理论框架》，《经济科学》2008年第4期。
[8] 刘帅等：《实际价格、粮食可获性与农业生产决策——基于农户模型的分析框架和实证检验》，《农业经济问题》2011年第6期。

入农户的生产决策模型中①，这是当前研究农户生产决策问题所忽略的方面。

大多数已有研究主要通过务农劳动力老龄化、女性化、低素质化所造成的人力资本下降、体能不足这一机制来分析其对农业生产的影响，该机制成立的前提是将农户看作单个的决策主体，忽略了家庭内部不同成员之间的分工和相互影响机制对农户微观生产决策的影响。在整个社会逐渐进入老龄化的大背景下，务农劳动力人数越来越少，农业生产技术应用和生产要素投入结构变动对农业生产的影响以及由此产生的环境效应不容忽视。

三 研究内容和目标

本书试图解释劳动力转移对农业生产决策和农产品供给的影响，包括对实际务农劳动时间、农民的微观行为选择、农业生产要素投入、农产品价格等方面的影响，进而说明农业生产方式渐进式变革对生态环境的影响。本书理论上借鉴贝克尔家庭分工理论，基于"准自耕农"的土地制度和经典劳动供给模型，建立务农劳动人口变动对农户生产决策影响机制的理论模型，将农户看作一个追求家庭产出最大化的决策主体，将务农人员的规模和结构纳入生产决策模型，并考虑成员之间存在的相互影响机制，拓宽对农户生产决策影响因素及影响路径的研究，以更全面地认识农户生产决策过程的内生机制。这有利于政府在推进农业现代化的进程中，通过制定有针对性的政策及制度安排，激发农户的生产潜能，提高农业生产效率，保证农产品供给和粮食安全，推动绿色农业和环境友好型农业的发展，维护农业生态环境。本书具体研究内容如下。

第二章详细阐述了劳动力转移理论，分析了劳动力转移的动机、影响

---

① 翁贞林：《农户理论与应用研究进展与述评》，《农业经济问题》2008 年第 8 期。

第一章 绪论 // 007

因素和结果，重点介绍了刘易斯二元经济理论及其关于劳动力转移阶段的理论，介绍了"刘易斯拐点"的准确含义和判断依据。本章依据中国的数据，分析了改革开放之后中国劳动力转移情况，基于宏观经济数据和微观调查数据分析了中国劳动力转移的现状，以判断"刘易斯拐点"是否出现。

第三章分析了劳动力转移对农民横向分化的影响。当前，"纯农民"的数量变得越来越少，角色的横向分化逐渐加剧，劳动力转移改变了传统以家庭劳动投入为主的生产模式，集土地承包者、经营者和劳动者于一体的农民在分工收益的激励下已出现变化。农村家庭务农劳动力规模的减少和结构的恶化加速了农民角色的分化，在分工收益的激励下，农业工人、农业土地承包经营大户、农业机械出租者等涌现。本章重点分析了劳动力转移导致农民角色分化的机制，并基于数据和分化案例验证理论推论，预测在劳动力转移规模扩大的背景下，农业生产模式的变革会进一步推动农民角色的分化，这反过来会冲击到传统的农业生产方式。

第四章首先分析了中国农民的微观经济行为，基于"斯科特－波普金论题"讨论当前中国农民的行为偏向于"理性"还是"道义"，其次在经典的劳动供给理论框架下研究随着农村居民非农收入和务农收入的增加，农民对闲暇需求的变化，进而分析得出对务农劳动供给的影响。

第五章基于劳动供给曲线，以农村家庭中的个体劳动者为决策主体分析惠农政策作为外生变量对农民务农劳动投入的影响。中央政府已连续多年发布中央一号文件，通过各种农业补贴及惠农政策促进农业经济发展，21世纪以来，农民负担大幅度降低，政府对农业的补贴显著增加，这影响到农民务农劳动的供给决策。本章基于农户生产决策的调整，考虑农村家庭务农劳动人口的变动，对相关农业政策效果进行了分析。惠农政策要考虑从事农业生产的真正主体，同时也要考虑农业生产方式的改变，只有针对性强的农业政策才能真正提高农业生产效率，促进农业现代化的发展。

第六章在农村劳动力转移规模持续扩大的背景下，分析了非农收入对农业要素投入的影响机制和效果。家庭非农收入的提高会改变余留人员的务农劳动保留工资，重新配置劳动时间和精力。在农产品价格上涨的激励下，为保持农业产量的稳定或增加，农业生产要素的投入结构会发生变化，比如加大人力替代型生产资料的使用比例，从而改变传统的"内卷化"农业生产方式。本章还在考虑农业生产的地域差异、农产品的结构差异的基础上探讨了务农劳动人口变动、非农收入与农业生产要素投入结构变化间的因果关系。在农业生产方式逐渐改变的背景下，本章对务农劳动人口变动影响农户生产决策进行理论推演，提出研究假说，然后利用似无相关估计方法，基于 2000 年至 2013 年省级面板数据进行了经验研究。

第七章首先阐述了农产品价格体制的改革历程，对已有农产品价格上涨解释的文献进行了综述，其次基于劳动力转移视角构建了理论分析模型，解释了农产品价格持续上涨现象。研究结果表明随着农村劳动力的流出，农村家庭人均务农工资水平不断上升，工资上涨所产生的收入效应降低了务农劳动者的劳动供给弹性，从而使总务农劳动时间的减少，一系列惠农政策带来的非务农收入增加强化了务农劳动者的收入效应，使背弯的劳动供给曲线上移，提高了务农劳动的保留工资，假定其他影响农产品产量的外生条件不变，总务农劳动时间减少了农产品供给，导致农产品价格上涨。

第八章利用消费物价指数分析了一般物价水平上涨的结构性特征，揭示出农产品价格上涨对一般物价水平上涨的贡献。本章基于统计数据，分析了当前农业生产中的要素投入结构和农业生产资料价格变动对农产品价格上涨的贡献程度，利用月度数据和向量自回归模型（VAR）验证了分析结论。

第九章在农业碳排放量持续扩大的背景下利用省级面板数据，以 3 个表征农业碳排放的均量指标为核心变量，加入城镇化水平、农业财政等因素，构建了样本间的综合距离指标，对 27 个省级行政区进行全时聚类和时段聚类，揭示了农业碳排放的区域分异特征及其动态变化。

第十章利用核密度函数和莫兰指数分析农田利用碳排放和农业财政支出的时空变化特征，然后基于 2000～2014 年省级面板数据，把单位播种面积农田利用碳排放和农田利用碳排放强度作为被解释变量，实证分析了农业财政支出影响农田利用碳排放的区域差异，提出提高农业财政支出碳减排效应的政策建议。

第十一章基于 2000～2014 年省级面板数据，实证研究了支农财政补贴、农业技术进步偏向及两者的交互作用对农业碳排放强度的影响及区域差异，基于实证研究结果，提出了减少农业碳排放的对策建议。

四 研究思路和方法

本书以农村劳动力转移规模持续扩大和"刘易斯拐点"的到来为背景，研究农村劳动力转移对农民分化、务农劳动供给、农业要素投入、农产品价格及农业生产方式的影响，并进一步分析由此产生的环境效应，遵循"提出问题→基于数理模型进行理论分析→利用数据验证研究假设→提出政策建议"的研究思路，围绕农村劳动力转移和"刘易斯拐点"对农业生产的影响，借鉴农业经济、区域经济、政策评估、计量经济等相关理论，建立相应的分析模型，实证分析农村劳动力转移和"刘易斯拐点"影响农业生产的机制、效果等，以期提出提高农业生产效率、改善农业生态环境的匹配政策建议。本书以实证研究为主、以规范研究为辅，理论研究和经验研究相结合，通过理论分析得到研究假说，基于统计调查数据验证理论研究结论，并在此基础上给出相应的政策建议，是实证分析的自然推论。本书具体研究方法包括以下几点。

（1）文献研究法。国内外已有很多关于劳动力转移、二元经济理论、农民生产决策和农业生态环境的研究文献，成果丰富，具有很大的借鉴价值，本书每一章都包括对应的文献综述，对已有观点和结论进行了梳理和总结，为本书的研究提供全面的文献基础。

（2）实地调查分析法。数据是进行描述性统计和经验研究的基础，本书的数据一方面源于相关统计年鉴和数据库，另一方面还来自作者组织的实地调查，调查样本包括江西省、湖南省、四川省、海南省等地区。

（3）统计和回归分析法。本书利用统计数据和调查数据，建立计量经济学模型，通过对模型参数估计结果的分析，验证相关结论。另外，本书也基于数据利用一些基本指标对变量进行描述性统计分析，以揭示数据变化规律和特征。

（4）数理模型分析法。在部分章节的理论分析部分，本书建立了用于说明核心解释变量影响被解释变量的理论分析模型，通过静态均衡分析和比较静态分析，推演研究假设，基准理论模型来自相关研究的经典文献，大部分理论分析模型为局部均衡分析模型，后续研究中将扩展为一般均衡模型。

五　创新和后续研究

本书的创新之处主要有以下几点。①从多维角度研究农村劳动力转移特别是"刘易斯拐点"到来之后对农业发展的影响，包括对农民务农劳动投入、农业要素投入结构和生态环境的影响等，以期全面揭示劳动力转移的后向影响。②本书选取的多数理论研究将存在劳动力转移的农村家庭看作决策主体，考虑了家庭内部的成员分工和相互影响机制，使研究结果更符合中国以家庭为单位的农业生产决策模式的现实。③本书尽可能多地使用统计数据和计量分析方法验证理论分析假说，并尽可能使用信息含量丰富的统计数据，比如省级面板数据、月度数据和本人组织调查得到的数据。

我们将持续关注中国农业发展问题，后续研究将在以下几个方面进行拓展。

第一，农业微观数据不足是限制研究深化的重要原因，比如关于农村劳动力转移规模的数据大都来自调查数据或统计推断。在以后的研究中，本人会完善数据收集方式，尽可能收集整理相对全面准确的微观调查数据，支持经验研究，同时将省级宏观数据提升至地市级数据，提高研究结论的可靠性。

第二，更加关注农业生产经营主体多元化对农业生产的影响。在劳动力转移的背景下，只有建立现代农业生产方式、完善农业生产组织形式、利用先进的农业生产技术才能保证农产品供给。在现代农业生产方式下，传统意义上的农村家庭占农业生产经营主体的比例必将下降，而新型生产经营主体数量会呈现明显的上升趋势，研究将对此进行关注。

第三，农业技术进步的路径和影响。中国幅员辽阔，各农业区域具有典型的特征，农业资源禀赋差异很大，东北平原和华北平原土地肥沃，单位农业劳动力耕种的土地面积远高于南方丘陵地带，机械化操作水平更加普遍。相关理论认为技术进步内生于资源禀赋分布，与资源禀赋相耦合的技术进步有利于节约生产要素投入，提高农业生产效率，降低对生态环境的压力。现实中，农业技术进步路径受多重因素的影响，存在一定程度的不确定性，需要从理论层面进行探讨，以提出适宜的引导政策。

第四，为简化分析，本书假定居民对农产品的需求不变或者稳定增长，没有分析需求变动对农产品供给和价格的影响。实际上，随着居民收入的增长，农产品需求结构可能会发生变动，居民对一般农产品需求缺乏弹性，但对高质量农产品的需求或许是富于弹性的，需求变动会对农业生产产生影响，后续研究将做详细分析。

第五，研究中大部分理论模型是静态局部均衡模型，没有考虑产业结构和经济增长方式变动对劳动力需求和劳动力转移的影响。后续研究中，将在模型技术上从局部均衡静态分析模型扩展到动态一般均衡模型，以期得到更有解释力的研究结论。

第六，加强生态文明建设、建立环境友好型农业生产方式是政府相关政策的重要目标，农业生产方式转型是影响农业生态环境的核心因素，后续研究将从政府政策支持、农业技术进步等角度研究其对农业生态环境的影响。

第二章　农村劳动力转移动因、阶段与
刘易斯拐点

　　劳动力转移既包括部门之间的劳动力转移，也包括劳动力在城乡间的流动，通常两种转移是合二为一的。在劳动力同质的假定下，如果部门工资或边际产出不同，劳动力便会从工资低的部门转移到工资高的部门，直到实现相同的工资水平。例如，李实通过理论模型解释了改革开放之后中国劳动力从计划部门向市场部门的流动过程，认为市场部门更高的工资吸引了一部分人力资本较高的劳动者从旱涝保收的计划部门流向企业，提高了劳动力资源的配置效率①。本章的劳动力转移仅仅是指劳动力从传统的农业部门向现代工业部门或服务业部门转移，也可以大致等同于劳动力从第一产业向第二、第三产业的转移。

一　劳动力转移：提高总产出的资源优化配置方式

　　劳动力市场的整合降低了劳动力流动的制度障碍和其他壁垒，使得工资水平趋于均等。如果部门或地区资本劳动力比率不同，劳动力的边际产出就存在差异，在竞争性的劳动力市场上，实际工资水平也就存在差异，这就是劳动力跨部门或跨区流动的动因。劳动力流动在实现工资均等的同时，也提高了劳动力资源的配置效率，劳动力从边际产出低的地区流入边际产出高的部门或地区，提升了总产出水平。如图 2 - 1 所示，假定一国

---

　　① 李实：《中国经济转轨中劳动力流动模型》，《经济研究》1997 年第 1 期。

劳动力总量为 O_1O_2，当劳动力流动被限制时，两个部门的劳动力分别为 O_1Q 和 O_2Q，部门 1 由于劳动力配置较多，边际产出和实际工资率低，为 QT，部门 2 由于劳动力配置较少，边际产出和实际工资率高，为 QU，因此劳动力从部门 1 流入部门 2，直到实现两部门实际工资水平相等，劳动力流动规模为 QS，流动之后的均等实际工资水平为 SP。图 2 - 1 显示劳动力流动不仅实现了不同部门同质劳动力工资均等，而且两部门的总产出增加了 PUT（表示面积）水平。如果将部门 1 和部门 2 理解为二元经济理论中的农业部门和非农部门，那么劳动力从农业部门流出，将有利于增加社会总产出水平，资源配置效率会显著提高，产出的增加既不源于技术进步，也不源于生产要素增加，而是来自生产要素在部门间的重新组合。

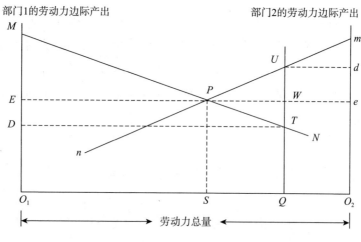

图 2 - 1　劳动力部门间流动的产出增长效应

二　刘易斯二元经济理论与农村劳动力转移

Lewis 在古典经济学框架下，从二元经济的角度出发，假定经济中存在生产率不同的两个部门，分析了存在剩余劳动力的经济增长过程①。大部分发展中国家，由于新兴产业相对落后，没有足够的能力吸纳劳动力，剩余劳动力大量分布在农业、临时性职业、小商贩等行业中，以"隐蔽性失业"的方式存在，这些部门劳动生产率很低，刘易斯称之为"传统部门"，或者说是"维持生计的部门"。那些支撑一个国家经济发展的部门，因为其技术含量较高，具有更高的生产率，被称为"现代部门"。在刘易斯看来，存在于传统部门的大部分劳动力，他们的边际生产力很低，或者为零，有时候甚至为负，即便这些劳动力转移到其他部门，也不会影响到产量，这部分劳动力为绝对剩余劳动力，或者被称为具有无限供给弹性的劳动力。在观察到一些落后国家的相关经验事实之后，大部分学者认为古典经济学中的"劳动力无限供给的假设"仍然是可用的，稀缺的只有资本。欠发达国家存在大量的剩余劳动力，经济发展的过程往往伴随着劳动力从"传统部门"向"现代部门"的转移，只要现代部门能提供一个高于剩余劳动力在传统部门得到的工资，劳动力便会发生部门之间的转移，这个工资一般为生存工资（见图 2 - 2）。由此可知，只要存在刘易斯意义上的绝对剩余劳动力（$MP_L = 0$），现代部门的工资定价法就不再是边际生产力定价法则，而是生存工资定价法则。根据刘易斯二元经济模型，在剩余劳动力消失之前，现代部门的非熟练工人的工资水平是不变的，为一条直线，资本家可以获得超额利润并用于资本积累，加速资本积累进程，使经济得到快速增长。当绝对剩余劳动力消失之后，两部门开始争夺劳动力资源，工资水平在部门之间逐渐趋于均等化，中间这个分界点称为"刘易斯拐点"。

刘易斯模型以绝对剩余劳动力这个基本假定为前提，讨论了二元经济中的资本积累、收入分配、经济发展等一系列问题，模型所描述的剩余劳动力情况存在于很多发展中国家，比如一些经济发展落后的亚非国家以及

---

① Lewis, W. A., "Economic Development with Unlimited Supplies of Labour", *The Manchester School* 22 (2), 1954.

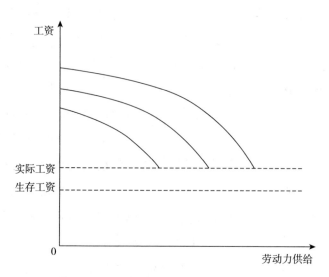

图 2 - 2　刘易斯意义上的绝对剩余劳动力

南美国家。刘易斯模型能解释这些国家的经济增长过程，成为经典的二元经济增长理论，被很多国家拿来作为政府制定经济增长政策的依据。刘易斯认为只要现代部门能够提供一个高于生存工资的工资水平，就会发生劳动力的转移，劳动力转移的根本动因源于工资水平的差异。很多发展中国家在经济增长的过程中，确实出现了劳动力的大量转移，我国改革开放之后的农村劳动力转移便是这一理论的经典验证。

　　刘易斯模型为研究一些国家早期的经济发展提供了一个新的研究视角，然而该理论赖以存在的严格假设在之后的相关研究中受到质疑。首先，大多数经济学家认为边际产出为零的绝对剩余劳动力是不存在的，从而对现代部门无限供给廉价劳动力的阶段也是不存在的。其次，刘易斯模型中的农业土地制度被默认为是地主所有制，关注的对象是非熟练劳动力，而在现实经济中，各个国家的土地制度差异很大，很多国家采取的是自耕农土地制度或准自耕农土地制度。各地区的土地制度与刘易斯对土地制度的假定不同，经济发展过程也表现出与刘易斯模型研究结论不同的特征。比如，在中国台湾，20 世纪 50 年代中期开始实行自耕农制度，之后

20 多年经济发展的一个显著特征就是农业工资和非农工资同时增长，并没有存在典型的工资不变阶段，经济发展导致的收入不平等也没有刘易斯模型所描述的那么严重。最后，刘易斯模型建立在同质劳动力假定之上，没有对劳动力转移的顺序进行说明。现实情况是农村劳动力因受教育水平、年龄、性别等不同，劳动力往往表现出异质性。

三　农村劳动力转移的其他理论解释

依据刘易斯的劳动力转移模型说明如果劳动力供给是无限的，城市就可以以一个不变的高于生存工资的工资水平雇用到所有需要的劳动力，并且不影响农业产量，现代部门即工业部门的扩张所产生的对劳动力需求的拉动力是劳动力流动的前提。然而，之后的经验研究发现，在一些低工业化水平的国家，即便存在高失业率和严重的城市贫困，也存在明显的劳动力由农村向城市大规模流动的现象，而且严重影响到农业生产[①]，由此产生了其他解释劳动力转移的理论。

Ranis 等将农村剩余劳动力分为三个阶段[②]：①第一个阶段为刘易斯意义上的劳动力流动时期，因为剩余劳动力的边际产出为零，所以劳动力流动不会带来物价和工资的上涨，城市工业部门反而为这些剩余劳动力提供了就业机会；②第二阶段为农业劳动力边际产出大于零，但小于农业平均固定收入阶段，劳动力虽然是剩余的，满足工资条件的前提下也会转移到工业部门，只是转移速度会下降，并最终停止；③农村已经不存在剩余劳动力，两部门工资均由边际生产力决定，这是经济发展的高级阶段，意味着经济由传统的农业经济转向了发达的工业经济时期。严格意义上讲，这

---

① Goldsmith, P. D., Gunjal, K., Ndarishikanye, B., "Rural-urban Migration and Agricultural Productibity: the Case of Senegal", *Agricultural Economics* 31, 2004.

② Ranis, G., Fei, J. C. H., "A Theory of Economic Development", *The American Economic Review* 51 (4), 1961.

个模型是刘易斯模型的一个扩展，并没有改变模型的基本假定，只是引入了经济发展阶段论的思想，对劳动力转移过程进行了更为深入的分析。

而新古典经济学认为刘易斯的绝对剩余劳动力假定是不成立的，劳动力的边际产出必然大于零。Jorgenson 利用新古典经济理论框架分析了劳动力转移的过程[①]，该理论认为劳动力从农村向城市转移是以农业剩余为前提的，如果在既定的技术水平和人口规模下，农业产出剩余大于零时，才可能出现农村劳动力的转移。在动态情况下，农业生产技术的进步可以释放部分劳动力，人口的自然增长率也有可能产生劳动力的剩余，在这些条件下，城市工业部门的扩张会吸纳由农业剩余而导致的剩余劳动力。与之前的模型相比，这个模型说明导致农村劳动力流动的原因不再是工资差异，而是消费结构的变化。同时 Jorgenson 引入技术进步、人口增长以及消费结构等外生性因素，在一般均衡框架下分析了农村劳动力转移的原因和过程。

Todaro 等认为城乡之间的劳动力转移并不如其他研究描述的那么容易，农村劳动力向城市转移是个复杂的过程，劳动力转移的原因为城市期望工资与农村期望工资的差距[②]。而期望工资又取决于在城市找到工作的概率和城市的就业环境。工业部门由于扩张和生产率的提高，往往会形成对劳动力的较大需求，并提供更高的工资水平，这是农村劳动力流向城市的动力。由此，农村劳动力的转移可分解为两个阶段，首先农村劳动力进入城市中生产力相对较低的"传统部门"，其次再进入生产率水平较高的工业部门。这一模型很好地解释了劳动力转移与城市中较高的失业率或隐性失业同时并存的现象。因此，托达罗模型认为劳动力转移与两个关键变量相关：城市与农村的实际工资差异和在城市找到工作的概率。即便城市

---

① Jorgenson, D. W., "Surplus Agricultural Labour and the Development of a Dual Economy", *Oxford Economic Papers* 19（3）, 1967.

② Todaro, M. P., "A Model of Labor Migration and Urban Unemployment in Less Developed Countries", *The American Economic Review* 59（1）, 1969; Harris, J. R., Todaro, M. P., "Migration, Unemployment and Development: A Two-Sector Analysis", *The American Economic Review* 60（1）, 1970.

中存在高失业率，但由于产业的扩张，相对于农村较高的就业可能性也会使得劳动力从农村转移到城市。之后关于劳动力流动的理论研究，还包括Johnson、Fields 等①。除了考虑经济因素之外，其他研究从人口学或社会学角度分析，认为原住地耕地不足、公共基础设施缺乏和自然灾害等因素促使居民迁移到其他地区，同时也因为迁移的目的地有更好的就业机会及其他更好的教育、医疗等公共产品吸引了劳动者的迁入，这样一种解释劳动力转移的理论为推拉理论，人口发生迁移的条件是迁出地推力总和大于拉力总和，迁入地拉力总和大于推力总和②。

四　中国农村劳动力转移

劳动力转移是一个复杂的经济概念③，从广义上讲包括劳动力在不同部门和不同地区之间的转移，甚至包括劳动力在国家之间的转移。农村劳动力从农业部门转移到非农业部门，意味着从事农业生产经营的劳动力数量减少，这一转移过程既包括农村劳动彻底从农业部门转移出去，也包括继续留在农村却没有从事农业劳动的劳动者，同时还包括由于"亦工亦农"而导致的农业劳动时间的减少。

1978 年之后，经济增长带来产业结构变化，包括农村土地制度在内的相关制度发生变革，农村劳动力逐渐获得了自由支配劳动的权利，城市现代工业部门对劳动力需求增加的拉力和农村劳动力积极向外流动的推力，导致出现大规模的农村劳动力转移④，转移规模持续增长。1978 年至今，

---

① Johnson, G. E., "Structure of Rural-urban Migration Models", *Eastern Africa Economic Review* 3 (1), 1971; Flanagan, William, G., *Urbanization and Social Change in West Africa* (Cambridge University Press, 1978); Fields, G. S., "Place-to-Place Migration: Some New Evidence", *Review of Economics & Statistics* 61 (1), 1979.

② 程名望等：《中国农村劳动力转移动因与障碍的一种解释》，《经济研究》2006 年第 4 期。

③ Zhang 等将农村劳动力的迁移分为四种类型，分别为：Migrant Wage Earners, Self-employed Migrants, Local Wage Earners, the Local Self-empolyed。

④ 蔡昉：《劳动力迁移的两个过程及其制度障碍》，《社会学研究》2001 年第 4 期。

中国农村劳动力转移大致可以分为三个阶段[①]。第一个阶段为1978年至1991年，这一时期，乡镇企业的快速发展创造了大量的非农就业机会，为吸收农村剩余劳动力做出了突出贡献。1991年，乡镇企业数量为1909万个，就业人数9616万人，1977年至1988年，乡镇企业对劳动力转移的贡献系数为0.62。由于乡镇企业多数集中在农村附近，转移出来的农村劳动力在工作之余，还可以参加农业劳动，据调查数据显示，该时期从事非农生产的劳动力有90.5%兼顾农业生产[②]。第二阶段为1992年至2002年，这一时期，劳动力转移规模继续扩大，异地转移逐渐增加，国家统计局农调队2001年农村住户抽样调查显示，1997年农村劳动力转移总数8315万人，2002年为13740万人。第三阶段为2003年至今，劳动力转移规模延续扩大的趋势，同时出现"民工荒"和城市农民工工资上涨等问题，异地转移成为主要转移方式，劳动力转移进入了一个新的时期。

根据胡景北的定义，农业劳动力指的是直接从事农业生产与经营的劳动力[③]，考虑到人口增长、劳动力的短期流动以及农村劳动力同时在多部门工作，加上流动的复杂性造成的统计上的困难，很难准确计算出劳动力转移的规模[④]。现有文献和相关统计数据都是基于抽样调查的方法对转移规模进行了推断，得到一个近似的数值。比如，国家统计局农民工监测调查报告显示，2017年，全国农民工总量为28652万人，其中在本乡镇以外就业的外出农民工数量为17185万人[⑤]，较早的文献认为中国农村剩余劳

---

① 农业部软科学委员会办公室：《农村劳动力转移与农民收入》，中国财政经济出版社，2010。

② 韩俊：《跨世纪的难题——中国农业劳动力转移》，山西经济出版社，1994。

③ 胡景北：《农业劳动力转移的定量指标与标准数据计算方法》，《经济评论》2015年第2期。

④ Foster, A. D., Rosenzweig, M. R., "Economic Development and the Decline of Agricultural Employment", *Handbook of Development Economic* 4 (7), 2007; Wang, F., Zuo, X., "Inside China's Cities: Institutional Barriers and Opportunities for Urban Migrants", *American Economic Review* 89 (2), 1999.

⑤ 根据在外从事非农劳动的时间，将劳动力转移分为两种类型：一是，一年内外出从业6个月以上的为外出农民工，二是，在本地非农从业6个月以上的为本地农民工。http://www.stats.gov.cn/tjsj/zxfb/201804/t20180427_1596389.html。

动力规模在 1 亿人左右[①]，蔡昉认为中国农村剩余劳动力规模不到 1.2 亿人，并且其中一半超过了 40 岁[②]。中国农业发展报告对劳动力转移人数做了一些统计（见表 2-1）。

表 2-1　2000~2006 年劳动力转移人数

年份	乡村人口数（万人）	农村劳动力数（万人）	农村转移劳动力数（万人）	转移劳动力数/农村劳动力（%）
2000	80837	47962	15165	31.60
2003	76851	48971	17711	36.17
2004	75705	49695	19099	38.43
2005	74544	50387	20412	40.51
2006	73742	45720	20711	45.30

资料来源：《中国农业发展报告（2007）》。

五　刘易斯拐点

在发展经济学中，对剩余劳动力的界定主要存在两种观点[③]：一种是刘易斯意义上的剩余劳动力，他们的边际产出率为零；另一种是指部门中实际雇佣的劳动力与按边际产出雇佣的劳动力数量之间的差额，被作为剩余劳动力[④]。后一种对剩余劳动力的界定建立在劳动力市场的非完全竞争假定基础上，因为对于完全竞争市场厂商而言，他们雇佣劳动力的法则必然是边际原则，不可能存在该意义上的剩余劳动力，而现实中大部分发展中国家农村确实存在大量的剩余劳动力。刘易斯没有从理论上严格论证边际产出为零的剩余劳动力假定是否成立，实际上刘易斯意义上的剩余劳动

---

① 王红玲：《关于农业剩余劳动力数量的估计方法与实证分析》，《经济研究》1998 年第 4 期；
王诚：《中国就业转型：从隐蔽失业，就业不足到效率型就业》，《经济研究》1996 年第 5 期。
② 蔡昉：《破解农村剩余劳动力之谜》，《中国人口科学》2007 年第 2 期。
③ 曹吉云：《劳动力剩余经济发展的理论分析》，《世界经济》2008 年第 6 期。
④ Ranis, G., "Labor Surplus Economics", Economic Growth Center, 2004.

力只有建立在特定的土地制度基础之上才能成立，在私有制土地制度下不会存在边际产出为零的剩余劳动力，除非出于道德伦理等其他非经济因素。在中国，农村土地按人口分配给家庭，产出在家庭成员之间平均分配，在这种土地制度和收入分配制度之下，劳动力获得平均产出的工资收入，只要其他部门提供的工资不高于这一工资水平，劳动力就会留在农村，成为剩余劳动力，该描述与现实情况更为相符。

随着经济发展水平的提高，经济增长方式发生转变，当农村不再存在绝对剩余劳动力时，无法在一个固定工资水平下向工业部门提供劳动力，劳动力需求增长速度超过供给增长速度，工资开始上涨，这一转折点被称为"刘易斯拐点"。当前，学术界普遍接受劳动力迁移存在两个转折点的假说：第一个转折点是农村剩余劳动力从无限供给转变为有限剩余的转折点，第二个转折点是农村剩余劳动力从有限剩余转变为完全吸收的转折点①。两种剩余劳动力的图解见图 2-3。当然也存在对"刘易斯拐点"的其他定义②。国内大多数学者对"刘易斯拐点"是否到来的争议都是针对第一转折点展开的。

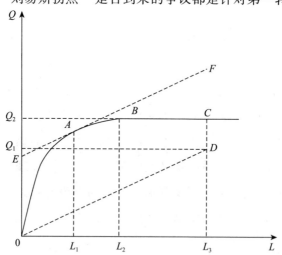

图 2-3　农村劳动力转移阶段与刘易斯拐点的说明

---

① 如果剩余劳动力转移超越了第二个转折点，经济发展也就由二元形态过渡到一元形态，从具有古典特征转变为具有新古典特征。

② 王诚：《劳动力供求"拐点"与中国二元经济转型》，《中国人口科学》2005 年第 6 期。

六 "刘易斯拐点"到来的争议及证据

我国农村劳动力转移规模随着改革开放程度的加深而逐步扩大，转移速度也不断加快，城镇就业规模持续扩大，居民收入水平不断提高。针对当前中国劳动力转移出现的各种问题，学术界存在较大争议。有学者认为中国农村劳动力转移的刘易斯拐点已经到来，劳动力过剩将转向劳动力不足，也有学者认为中国当下的经济状况只能说明中国劳动力转移进入转型期，并不意味着刘易斯拐点已经来临。值得一提的是，刘易斯在研究发展中国家城乡工资差距拉大导致的农村向城市劳动力转移时曾预言："由于缺乏物质力量抑制农村人口迁移，中国这样一个每年人口增长 3% 的国家是无论如何也不可能不在现代工业部门出现劳动力过剩现象的。"这一预言似乎已被打破，中国面临着是否进入了刘易斯拐点的现实问题。

我国劳动经济领域最为引人瞩目的现象便是农业剩余劳动力向非农产业的大规模、高强度和长时间转移，这改善了我国收入分配结构、软化了经济社会的二元结构刚性。正当理论界以极大的热情来研究中国农业剩余劳动力转移的规模、途径、方法和经济效应时，2004 年初，深圳、东莞、莆田等珠三角地区却出现了"民工荒"，2010 年，"民工荒"由沿海开始向长三角地区、环渤海地区和内地地区扩散，湖北、安徽和河南等农民工输出大省都出现了民工短缺，整体上全国"民工荒"势头超过前几年，如福建晋江劳动密集型行业制鞋业劳动力缺口为 40% ~ 70%[①]。另外，近年来城市农民工工资持续上涨，20 世纪 80 年代中期以来，伴随农民工大量进入城市，他们在城市所得到的实际工资在相对稳定一段时期后（见图 2 - 4），农民工人均月工资涨幅明显，尤其在 2008 年之后，上涨速度提高，到 2017 年，人均月工资已达到 3485 元。此外，2009 年我国城镇居民

---

① 郑秉文：《如何从经济学角度看待"用工荒"》，《经济学动态》2010 年第 3 期。

人均纯收入实际增长 7.8%，农村居民人均纯收入实际增长 10.9%，这是
自 1998 年以来农民收入增长首次快于城镇居民收入增长。

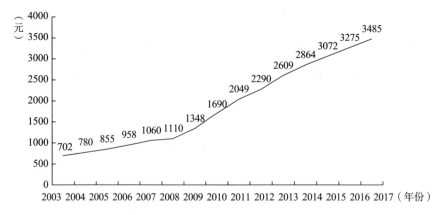

图 2-4　农民工人均月收入

资料来源：根据《中国农业年鉴》（各年）和《人力资源和社会保障事业发展统计公报》得到。

　　除 2007 年受金融危机的影响出现了短期的农民工"返乡潮"外，到
2009 年下半年，"民工荒"一直是我国农业剩余劳动力市场运行的显著特
征，这让我们不得不思考中国是否已经越过了"刘易斯拐点"。学者们认
为我国劳动力市场似乎已经从长期过剩转为普遍紧张，进入了一个总量上
短缺的时期，这意味着刘易斯拐点已然来临。

（一）"刘易斯拐点"到来的争议

　　在东部沿海地区出现"民工荒"的经济背景下，王德文等首次提出我
国农村剩余劳动力由无限供给向有限剩余转变[1]，由此国内学术界开启了
对刘易斯拐点是否到来的讨论。吴要武认为刘易斯拐点应该出现在 2002～
2004 年[2]，这几年表现出来的明显特征就是城镇非熟练劳动力的供给短

---

①　王德文等：《全球化与中国国内劳动力流动：新趋势与政策含义》，《开放导报》2005 年第
4 期。

②　吴要武：《"刘易斯转折点"来临：我国劳动力市场调整的机遇》，《开放导报》2007 年第
3 期。

缺，工资上涨。蔡昉进一步解释了"刘易斯拐点"的发展过程[①]，认为东部沿海地区出现广泛的劳动力短缺问题不是短期或周期性的，这一现象意味着刘易斯拐点的到来，中国经济发展的人口红利正在逐渐消失[②]。当然也有学者认为，我国出现的"民工荒"和农民工工资上涨等现象，只是劳动力供给的短期性、结构性短缺，不可能存在真正的劳动力总量供给不足问题[③]。学者张丽宾认为我国农村还将长时间存在剩余劳动力[④]，他认为不能简单套用国外理论分析中国问题，刘易斯二元经济理论适用的前提是封闭的市场经济体，显然，我国区域劳动力市场的整合并不符合这一理论假设，支撑其观点的主要依据是农民工工资增长幅度小于职工平均工资增长幅度。就全国而言，1995~2008年，农民工工资年均增幅为13.59%，职工平均工资年均增幅为13.71%，前者比后者小0.12个百点，2002~2008年，农民工工资年均增幅为14.10%，而同期农村居民家庭人均经营性收入年均增幅则为8.58%，二者差距为5.52个百分点。根据对就业情况的调查，发现从2009年9月到2010年2月底，与前一年相比，返乡农民工减少了20%，外出农民工增加了25%，农民工仍然处于持续增长状态。并且据其估算我国2030年前后城市化水平才能达到60%，城市化水平每年增长0.75个百分点左右，因此张丽宾认为我国的城市化进程还有很长的一段路要走。周天勇认为我国的城市化还很低，农村还有大量待转移的劳动力[⑤]，农业的生产率、工资增长率和工业部门相比较还有不小的差距，我国劳动力总供给还是大于总需求，当前我国经济还未面临"刘易斯拐点"的考验，但是随着社会经济的发展，"刘易斯拐点"会在2020年之后到来。目前我国城镇化水平还很低，只有70%左右。而按照人均均耕地来

① 蔡昉：《"刘易斯转折点"近在眼前》，《中国社会保障》2007年第5期。
② 人口红利是指劳动力供给和高储蓄率为经济增长提供了一个额外的源泉。
③ 贾先文等：《"刘易斯拐点"离我们究竟还有多远》，《统计与决策》2010年第15期；侯东民等：《从"民工荒"到"返乡潮"：中国的刘易斯拐点到来了吗?》，《人口研究》2009年第2期。
④ 张丽宾：《"民工荒"：揭示出经济运行中的深层次问题》，《中国劳动》2004年第11期。
⑤ 周天勇：《中国的刘易斯拐点并未来临》，《江苏农村经济》2010年第11期。

看，中国的农业中有大量剩余劳动力，中国农业劳动力人均耕地 0.36 公顷，仅高于孟加拉国和越南，位居全世界倒数第 3，农业劳动生产效率极低。随着农业技术的进步，设备和技术对从事农业，包括从事养殖业的劳动力，替代非常明显，而且替代程度越来越高，未来农业现代化将挤出更多剩余劳动力，因此认为刘易斯拐点来临还为时过早。

由于缺乏可靠的经验证据，对"刘易斯拐点"是否到来持有不同观点的各方都只能根据一些零散的经验数据为各自观点进行论证。中国经济迅速发展，呈现的各种经济现象确实很难让人再相信中国农村劳动力仍然如改革开放初期一样是取之不尽的。

（二）刘易斯拐点判断：一个基于调查数据的粗略推测

"刘易斯拐点"是由刘易斯在劳动力流动模型中提出，从"二元经济"发展模型中引申而来的，是指在工业化过程中，随着农村富余劳动力向非农产业逐步转移，农村富余劳动力逐渐减少，最终达到瓶颈状态，是由劳动力过剩走向短缺的转折点，农业剩余劳动力的非农化转移能够促使二元经济结构逐步消减。基于二元经济模型，农业剩余劳动力数量是否大幅下降以及农业生产是否受到冲击是判断刘易斯拐点到来与否的重要指标。本小节结合所收集的调查问卷，利用估算方法，对我国农业剩余劳动力数量进行推测。估算方法主要是根据生产函数，测算边际生产力为零的那部分劳动力的绝对数量。假定农业部门生产函数为：

$$Y = F(T, K, D, A)$$

其中 T、K、D、A 分别是投入的标准劳动工日数、资本投入、土地面积及技术水平，在最大农业产出 Y_0 的情况下，所需投入的年劳动工日总数是：

$$T = F - 1(Y_0, K, D, A)$$

T 为现有的农业劳动力 L 所分摊，则每个劳动力的年均工日数 t 满足：

$$t = T/L$$

本章先确定农业劳动力的合理工作负荷，即合理的年均工日数，工业部门年标准工作日是 251 天，这可以作为农业部门标准工日数的参考，农民的合理工作负荷确定在年均 270 个工作日较为合适。农业部门的劳动力需求量为 L_0，由此得知农业部门的劳动力需求量与供给量之比 $d = L_0/L = t/270$，农业部门的剩余劳动力比例 $r = 1 - t/270$。这种算法不需要知道农业总产出、耕作面积、牲畜饲养量、每亩（畜）所需工日数以及总工日需求等信息，只需知道农民的劳动负荷 t，就可确定剩余比例及规模。利用该估算法结合调查问卷收集得到的数据，得到分析结果见表 2 - 2。根据表 2 - 2 中的推算数据，我国国内尚存在 758.24 万 ~ 1827.66 万的剩余劳动力，这些剩余劳动力在国内的占比为 0.12% ~ 0.28%，这大致可认为我国已基本不存在绝对剩余劳动力。

表 2 - 2　基于 2014 年调查数据的农村剩余劳动力规模和比例推算

单位：万人

	剩余规模（最大）	剩余规模（最小）	全国剩余劳动力推算（最大）	全国剩余劳动力推算（最小）	剩余比例（最大）	剩余比例（最小）
江西省南昌市	4.9541	1.5645	1813.6550	572.7350	0.28%	0.09%
江西省新余市	1.7478	0.6274	1861.3850	620.4600	0.29%	0.10%
江西省都昌县	1.8255	0.8258	2004.5650	668.1900	0.31%	0.14%
江西省九江市	6.9886	2.3641	1834.1800	906.8300	0.28%	0.10%
海南省三亚市	2.1521	1.1995	1697.2000	945.9650	0.26%	0.15%
湖南省吉首市	7.7408	3.6841	1754.9500	835.2350	0.27%	0.13%
平均水平推算	4.2348	1.7109	1827.6558	758.2358	0.28%	0.12%

判断刘易斯拐点到来与否，一方面需要弄清楚刘易斯拐点的概念及产生的结果，以制定相应的判断指标，另一方面还需要了解中国的农业生产现状。当前，国内大部分研究也认可中国劳动力转移已越过一个拐点，农

村剩余劳动力由绝对剩余转向相对剩余。根据本章的分析和调查数据可知当前国内农业生产水平已发生改变，农村劳动力相对稀缺，不存在绝对剩余劳动力，可以判断"刘易斯拐点"已经到来，这是本书理论分析的一个基本前提假设。

第三章 农村劳动力转移与农民分化

本章在中国出现持续大规模的农村劳动力转移背景下，讨论了农业部门内部农民分化问题，随着农村劳动力的流出，单位农业土地上实际从事务农劳动的人数减少，这改变了集土地承包者、经营者和劳动者于一体的传统主流农业生产模式，催生了新型农业生产组织形式和农业经营主体，进而带来农民角色分化。劳动力转移规模扩大、转移结构与农业发展支持政策在一定程度上强化了这一趋势。

一 引言

为寻求更高收入，改革开放之后大量农村剩余劳动力进入城市工作，实施农村家庭联产承包责任制形成的推力与城市工业部门扩张形成的拉力共同推动了农村剩余劳动力的转移。农村劳动力转移改变了继续留在农村从事务农劳动的人口规模和结构，传统以农户为主的农业生产组织形式正在发生变化，集土地承包者、经营者和劳动者于一体的农民也随之发生分离，农业生产经营主体随之变得多元化，农民不再仅仅以传统方式参与农业生产，农民角色逐步分化。本章在农村劳动力转移背景下探讨了农业部门内部农民角色分化的原因、机制及趋势，并给出经验证据。第二部分是文献综述，分析了已有相关研究的分析思路和结论。第三部分探讨了劳动力转移与农民分化的关系。第四部分给出了农民分化的三个例证。第五部分分析了劳动力转移趋势和惠农政策对农民分化的影响。第六部分是结论和政策建议。

二 文献综述

农民是最难定义的概念之一[①]，既可以从生产生活所处的地理位置给出定义，也可以基于其从事的生产经营活动的性质给出定义。在中国，习惯于基于户籍所在地将农民定义为具有农村户籍的居民，但忽略了其所从事的职业及其他生产经营关系。当然，现阶段他们仍然是从事农业生产的主要主体[②]。土地制度是决定农民角色的一个关键因素，在土地私有制的情形下，大致可将农民划分为三种角色：土地所有者、土地经营者和农业劳动者。三者可以集中，也可以分离。如果农民对土地具有完全产权，可以自由交易，就可能出现集三者于一体的自耕农、拥有土地所有权的地主、租种土地的佃农、农场主及农业工人等。1949 年之后，中国土地制度发生过几次重大的变革，土地集体所有制是现在农村实施的主要土地制度。1978 年之后中国逐步推行家庭联产承包责任制，农民具有稳定的土地承包权和经营权，这种制度通常也称之为"准自耕农"制度[③]。相比计划经济时代，家庭联产承包责任制，既提高了土地的耕作效率，也赋予了农民选择从事非农职业的权利，为农民角色分化提供了可能。

农民分化包括两层含义：一是横向分化，从职业角度进行划分，分化的结果是从事非农职业的农民越来越多，"兼业型"农民增加；二是垂直分化，从收入的角度划分，收入差距带来政治地位和社会地位不同[④]。郑杭生基于社会学的定义，认为农民分化是指农民在社会系统的结构中由原来承担多种功能的单一社会地位发展为承担单一功能的多种不同社会地位

---

① 伊特韦尔等：《新帕尔格雷夫经济学大辞典》，经济科学出版社，1992。
② 当然，从事农业生产的不仅是拥有户籍的农户，还包括具有城市户籍的人到农村承包土地进行农业生产，另外，国有农场的工人，他们的主要工作也是从事农业生产。
③ 胡景北：《对经济发展过程中工资上升运动的解释》，《经济研究》1994 年第 3 期。
④ 刘洪仁：《世纪初农民分化的实证追踪研究——以山东省为例》，《农业经济问题》2009 年第 5 期。

的过程①。对于存在大量剩余劳动力的中国农村，经济制度发生变化之后，农民角色分化不可避免。陆学艺等较早地关注到农村经济发展和制度变迁带来的农民分化问题②，认为财产权利制度的变化使农民获得了自由支配生产资料和劳动时间的权利，带来了农民角色分化，他们依据职业类型、生产资料使用方式和权利将农民划分为十个阶层，并认为这种分化结果具有过渡性质。刘洪仁依据山东省的抽样调查数据，同时研究了农民角色的横向分化和垂直分化问题，认为两者有密切的关系，职业类型决定了收入水平，教育水平在农民横向分化中起到了重要的作用③。向国成等认为农村家庭内部成员分工导致了农户"兼业化"的生产经营模式，并基于超边际经济学理论，从报酬递增和分工效率角度解释了这种家庭分工模式的有效性④。关于农民分化的后向影响，大部分研究文献认为农民角色的分化改变了农业生产的模式，影响了农业生产效率。许恒周等用计量分析结果表明农民分化能提高耕地利用效率，并且分化程度越高，影响越大⑤；钟甫宁等分析了在存在角色分化情况下农业补贴的收入分配效应，认为粮食直补和农业税减免主要作用是提高了地租，对资本和劳动价格影响不大⑥。

　　分析已有相关研究文献可以发现：①基于社会学理论的研究多于基于经济学理论的研究，对农民角色横向分化的关注多于对垂直分化的关注；②文献更多地关注农民在行业间的流动带来的职业变化，而未关注仍然存在于农业部门内的农民分化问题；③已有文献仅是从收入差距带来的劳动

① 郑杭生：《社会学概论新修》，中国人民大学出版社，2003。
② 陆学艺等：《转型时期农民的阶层分化——对大寨、刘庄、华西等 13 个村庄的实证研究》，《中国社会科学》1992 年第 4 期。
③ 刘洪仁：《世纪初农民分化的实证追踪研究——以山东省为例》，《农业经济问题》2009 年第 5 期。
④ 向国成等：《农户兼业化：基于分工视角的分析》，《中国农村经济》2005 年第 8 期。
⑤ 许恒周等：《农民分化对耕地利用效率的影响——基于农户调查数据的实证分析》，《中国农村经济》2012 年第 6 期。
⑥ 钟甫宁等：《农民角色分化与农业补贴政策的收入分配效应——江苏省农业税减免、粮食直补收入分配效应的实证研究》，《管理世界》2008 年第 5 期。

力转移这一角度来解释农民分化，而忽略了在分工收益的激励下农业生产组织变化引起的农民分化。本章的基本观点是，随着农村劳动力转移，农户余留的实际务农劳动人数减少，在专业化和分工收益的激励下，非农户生产组织形式增加，随之出现了新型农业生产经营主体，带来了农业生产部门内部的农民角色分化。

三　劳动力转移、分工收益激励与农民分化

（一）分工理论

在古典经济学中，亚当·斯密的核心思想之一就是分工理论，该理论将分工与专业化作为促进生产效率提升、推动交易进行的原因，并且将之作为经济增长的源泉。马克思吸收了亚当·斯密分工理论，将分工划分为两种类型：企业内部分工和社会内部分工。企业内部分工更像是一种为提高资源配置效率而进行的制度安排，而社会内部分工是当交易费用足够低时所产生的企业行为市场化，两者并无本质的区别。然而，新古典主义对分工理论进行了批判，认为分工虽然带来了专业化，但与规模经济、报酬递增是违背的，不能从长期解释效率提升和经济增长，科斯认为当存在较高的交易费用时，市场是无效率的，分工仅表现为企业内部行为[1]，而阿林·扬重新挖掘了分工理论的价值，认为分工受市场范围的限制。本书梳理了相关的理论文献，得出影响分工规模的因素大致包括市场范围（或市场规模）、报酬递增以及交易成本，最终基于分工带来的专业化程度取决于对分工收益和交易成本比较的权衡[2]。虽然分工理论从产生至今经历了各种争议，但是在具备一定外生性条件，如交易成本足够低、市场范围足够大时，分工带来的专业化所引起的效率提升是毋庸置疑的。

---

① Coase, R. H., "The Nature of the Firm", *Economic* (11), 1937.
② 邹薇等：《分工、交易与经济增长》，《中国社会科学》1996 年第 3 期。

(二)劳动力转移与农民分化

农业生产由于自身产业的特殊性质，到底哪种生产组织方式更有效，至今存在争议，从资源配置角度来看，农业劳动力的数量无疑是影响农业生产组织方式的重要因素。当农村存在大量绝对剩余劳动力时，每个家庭都试图通过"精耕细作"的方式使得产出最大化，以养活足够多的家庭成员，也就是黄宗智所说的"内卷化"生产方式①。在这种情况下，分工主要体现为家庭内部性别之间的分工，如"男耕女织""男外女内"等。由于农业劳动力规模大，家庭往往选择以人力替代畜力或其他生产资料投入，在不存在外部获得更高收入的就业机会时，很少人会选择改变这种生产方式（比如将土地出租给那些更善于经营的人，而自己从事商业活动或成为专门农业雇工）。计划经济时代，农村人口规模大，并且限制了人口的流动，工业、服务业部门能吸纳的劳动力有限，虽然增加了农业资本投入，但未从根本上改变以人力投入为主的农业生产模式，1978年，农村人口比重为82.1%，这部分人口中扣除非劳动力人口数量，基本等价于从事农业生产的人口数量。

刘易斯经典的二元经济理论将经济部门分为传统部门（农业部门）和现代部门（工业部门）②，在工业部门扩张的阶段，劳动力将在工资差距的激励下由农业部门向工业部门转移，劳动力转移可以分为两个阶段：第一阶段农村存在绝对的剩余劳动力，即无限供给弹性，工业部门只需要支付一个高于生存工资的工资水平，就可以雇用到足够的劳动力，工资水平在此阶段维持不变；第二阶段农村劳动力由绝对剩余转向相对剩余，劳动力转移的条件是可以获得一个不低于在农村得到的收入水平加上转移成本的工资水平，并且这一工资水平会逐步提高，直至最后两部门的工资水平相

---

① 黄宗智：《长江三角洲的小农家庭与乡村发展》，中华书局，1992。
② 刘易斯文献中将经济部门分为传统部门和现代部门，本书出于研究需要，将这两部门理解为工业部门和农业部门。

等。劳动力转移一方面减少了实际从事农业的人口数量，另一方面也改变了务农劳动人口结构，当转移规模有限、转移方式以近距离转移为主时，转移出去的农村劳动力对农业生产模式带来的影响较小，劳动力转移主要解决的是农村"隐性失业"问题。当转移规模越来越大，并且转移方式主要以远距离转移为主时，单位土地面积上实际劳动人口也随之减少①（见图 3 – 1），要保持农业产量不变，便会引致农业生产方式发生变化，比如土地经营权转让形成大规模土地承包租种户、农场生产经营、大型农业机械的供给者等。这些新型农业生产经营主体的出现，是农民角色横向分化的具体体现。

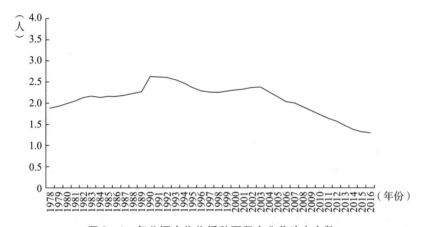

图 3 – 1 每公顷农作物播种面积农业劳动力人数

资料来源：根据《中国统计年鉴》（各年）和《中国农村统计年鉴》（各年）相关数据计算得到。

（三）研究假说

随着农村实际务农劳动力规模的缩减和结构的改变，传统的集土地承包者、经营者和劳动者于一体的农业生产模式（谁家的地谁家种）发生变化。当改变之前的农业生产方式可以带来更大收益时，在政策允许的情况

---

① 该指标依据上文中所计算的实际务农总人口人数计算得到。

下，农民就会在自己经营土地与将土地经营权出租（或入股）之间做出选择。在分工收益的激励下，农业生产经营主体变得越来越多元化，从而带来对农民这个阶层新的定义和农民在农业部门内部的分化。

基于以上分析，本章提出以下两条研究假说。

假说一：随着农村劳动力转移，单位土地上的实际务农人口减少，对于追求收益最大化的农户，会重新选择农业生产模式，在分工收益和交易费用可以被有效控制的激励下，传统的集土地承包者、经营者、劳动者于一体的农民将出现角色分离，催生出新的农业生产经营主体和参与主体，引致了农民分化。

假说二：随着农村劳动力转移规模的日益扩大，并接近刘易斯拐点，绝对剩余的务农劳动力数量越来越少，并出现实际务农劳动力人口结构恶化，新的农业生产经营主体产生之后，农业生产环节的分工越来越细，农业生产"外包服务"规模越来越大，分工收益增加，加快了农民分化的速度。

四 农民分化的三个例证

随着农村劳动力转移，农业生产组织形式也发生变化，新型农业生产经营主体相继出现，本章从以下三个方面为农业部门内的角色分化提供经验支持。

（一）土地承包经营大户

控制其他变量条件，单位土地上实际务农劳动力人数的减少会带来农业生产效率的降低，从而农户相应的收入降低，此时，土地承包经营户可以有两种选择：一是仍然自己经营土地，增加其他人力替代型农业生产资料的投入，如化肥、农药和农业机械；二是将土地经营权转让或出租给那些在农村专门从事粮食生产或其他农产品生产，甚至用作商业用途的经营者，获取租金收入。两种方式的选择取决于它们各自给农民带来的收益，比如当农业生产资料价格不高，此类成本可以有效控制时，农民仍然继续自己耕种，而当土地更容易形成规模收益时，后一种方式收益可能更高。从现在的经验来看，很多地方由于农村劳动力转移规模足够大，并且土地承包经营权流转市场比较发达，后一种方式可能更容易迎合市场的需求。根据亢亢等的调查数据[①]，在以水稻为主要农作物的地区，2011 年相比2007 年传统承包经营户减少了 8.88%，种植面积减少了 6.9%，而种植大户增加了 75.3%，种植面积增加了 585.6%。从个案来看，山东省烟庄村，在 2007 年以前，土地租赁仅是个别现象，也只限于村民之间的土地流转，2008 年以后，外村到烟庄村租赁土地的人数增多，土地流转数量开始增加，2008 年外租土地约 100 亩，累计 180 亩；2009 年累计外租土地 450亩，占全部耕地的 13%[②]。

（二）大型农业机械租赁者

当单位农业土地面积上劳动力人数较多时，便容易出现"内卷化"生产方式，农业资本投入少，农业生产效率低下。随着农户家庭中的劳动力转移，实际农业劳动人数减少，一种合理的选择便是用机械等农业资本替代人力。然而，对于人多地少的中国而言，农户耕地面积有限，很难形成规模化经营，购买价格相对昂贵的农业机械并提供较高的维护费用显然是没有效率的。尤其是在中国南方地区，大部分农业耕地比较零碎且不平整，农户购置大型农业机械更不合理。为适应农村对农业机械的需求，农业机械的租赁者出现，他们通过给农户提供生产服务而获得收入，既满足了农民对此类设备的需求，同时也避免了家庭内转移出去的劳动力在插秧、收割等需要大量劳动力投入的生产环节回家务农所产生的成本。陈超

---

① 于亢亢等：《现代农业经营主体的变化趋势与动因——基于全国范围县级问卷调查的分析》，《中国农村经济》2012 年第 10 期。

② 潘劲：《烟庄村：一个劳动力流出村庄的经济社会变迁》，中国社会科学出版社，2011。

等的调查数据显示①，在江苏省水稻生产环节中，收割和插秧两个劳动力需求最大的生产环节外包程度最高，2010 年，收割环节的平均外包水平在80% 左右，育秧、插秧环节平均外包水平在 40% 左右，相对于中等规模种植户而言，种植大户和小户这两个环节的外包率最高，充分体现了实际农业劳动力减少产生的对农业机械的市场需求。

（三）农业工人

本书定义的农业工人是指在农业生产企业或其他农业生产组织劳动的农民，他们获得工资性收入。农业机械化虽然节约了劳动力，但是在有些生产环节，劳力仍然是不可替代的，在这种情况下，容易出现"农业小工"的农业工人。在农忙时期，农业小工的规模更容易扩大。农业龙头企业在生产经营过程中要雇用大量劳动力，而大部分源于农村劳动力，因此龙头企业的增加可以从侧面反映农业工人规模的变化。于亢亢等的数据显示②，相比 2007 年，2011 年从事粮食生产的龙头企业增加了 132%，耕地面积增加了 216%，粮食产量增加率为 200%，而从事养殖业的龙头企业增长率 122%，产量增长了 267%，如此大规模的生产必然带来对农业工人需求的大幅度上升。

五 劳动力转移阶段与结构、农业政策强化了农民分化趋势

（一）劳动力转移阶段与结构

"民工荒"和城市农民工工资上涨等现象的出现引起了人们对农村剩余劳动力数量的讨论。王德文等首次提出我国农村剩余劳动力由无限供给

---

① 陈超等：《水稻生产环节外包的生产率效应分析——基于江苏省三县的面板数据》，《中国农村经济》2012 年第 2 期。

② 于亢亢等：《现代农业经营主体的变化趋势与动因——基于全国范围县级问卷调查的分析》，《中国农村经济》2012 年第 10 期。

向有限剩余转变①，认为中国农村劳动力转移将逐步靠近"刘易斯"拐点。蔡昉认为东部沿海地区出现广泛的劳动力短缺问题不是短期或周期性的，中国经济发展的人口红利正在逐渐消失，这意味着刘易斯拐点的到来②。表 3 - 1 表明农民工总量在上升，其中外出农民工（年内外出从业 6 个月以上）由 2008 年的 14041 万人上升到 2016 年的 16934 万人，并且举家外出的农民工也增加了，由 2008 年的 2859 万人增加到 2014 年的 3578 万人，大约增长了 25%。

表 3 - 1 农民工数量

单位：万人

	2008 年	2009 年	2010 年	2011 年	2012 年	2013 年	2014 年	2015 年	2016 年
农民工总量	22542	22978	24223	25278	26261	26894	27395	27747	28171
1. 外出农民工	14041	14533	15335	15863	16336	16610	16821	16884	16934
（1）住户中外出农民工	11182	11567	12264	12584	12961	13085	13243	–	–
（2）举家外出农民工	2859	2966	3071	3279	3375	3525	3578	–	–
2. 本地农民工	8501	8445	8888	9415	9925	10284	10574	10863	11237

资料来源：国家统计局全国农民工监测调查报告（各年），"－"表示数据缺失。

另外，农村劳动力的转移结构以青壮年、男性、受教育程度高的劳动力为主。表 3 - 2 显示 2016 年 21～30 岁的农民工占农民工总数的 28.6%，是所有年龄组中最高的，在所有年份，该组成员均是占比最多的农民工。表 3 - 3 显示 2016 年男性农民工占比为 65.5%，比 2009 年增长了 0.4 个百分点，女性农民工占比 34.5%，所有年份男性农民工的比例远远高于女性农民工的比例。另外，从文化程度来看，初中文化水平的农民工占比最高，2016 年为 58.6%，小学文化程度及文盲所占比例较低，为 17.5%。

---

① 王德文等：《全球化与中国国内劳动力流动：新趋势与政策含义》，《开放导报》2005 年第 4 期。

② 蔡昉：《破解农村剩余劳动力之谜》，《中国人口科学》2007 年第 2 期。

表 3 - 2　农民工年龄构成

单位：%

	2008 年	2009 年	2010 年	2011 年	2012 年	2013 年	2014 年	2015 年	2016 年
16 ~ 20 岁	10.7	8.5	6.5	6.3	4.9	4.7	3.5	3.7	3.3
21 ~ 30 岁	35.3	35.8	35.9	32.7	31.9	30.8	30.2	29.2	28.6
31 ~ 40 岁	24.0	23.6	23.5	22.7	22.5	22.9	22.8	22.3	22
41 ~ 50 岁	18.6	19.9	21.2	24.0	25.6	26.4	26.4	26.9	27
50 岁以上	11.4	12.2	12.9	14.3	15.1	15.2	17.1	17.9	19.2

资料来源：国家统计局全国农民工监测调查报告（各年）。

表 3 - 3　农民工性别和文化程度构成

单位：%

	2009 年	2010 年	2011 年	2012 年	2013 年	2014 年	2015 年	2016 年
男性	65.1	65.1	65.9	66.4	-	67	66.4	65.5
女性	34.9	34.9	34.1	33.6	-	33	33.6	34.5
文盲	1.1	1.3	1.5	1.5	1.2	1.1	1.4	1.3
小学文化	10.6	12.3	14.4	14.3	15.4	14.8	17.1	16.2
初中文化	64.8	61.2	61.1	60.5	60.6	60.3	58.9	58.6
高中文化	13.1	15	13.2	13.3	16.1	16.5	16.6	16.8
大专及以上文化	10.4	10.2	9.8	10.4	6.7	7.3	6.0	7.1

资料来源：国家统计局全国农民工监测调查报告（各年），"-"表示数据缺失。

农村剩余劳动力的规模影响整个社会的劳动力供给，同时也影响劳动力在部门间的分配，劳动力转移越过刘易斯拐点之后将会带来非农部门和农业部门对劳动力的争夺，同时，余留在农村的劳动力以女性、受教育程度低及中老年劳动力为主，这会降低劳动效率，将会加速农民分化的过程。

（二）农业政策

2004 年之后，国家通过农村税费改革逐步取消了农业税，为进一步提高农民收入，政府实施了一系列农业支持政策，如农机具购置补贴、土地承包经营权流转制度完善等。在四大农业补贴中，农机具购置补贴直接影响农业生产中的农业机械等高效率的生产资料的投入，这在一定程度上替代了农业劳动力的投入。在农机具补贴制度的激励下，两种农业主体出现：一是，农业机械的投入降低了生产成本和人力投入，这使得承包大面积耕作土地更有收益可图，土地承包经营大户将会增加；二是，出现了农业机械的出租者，他们将农业机械出租给那些不用购买此类生产资料的小面积农业耕种农户。

单位农业土地面积上劳动力数量减少是导致农民角色分化的根本原因，土地承包经营权流转制度使得农业土地可以在不同农业主体之间流转，提高了农业土地的利用效率，催生了新的农业经营主体。近年来，为适应农业劳动力流动的新趋势，政府也出台各类型农业土地流转的政策，激活了土地生产要素市场，降低了土地经营权流转的成本和风险，加速了农村内部农民角色分化的进程。

六　结论和政策建议

农民分化是当前中国农村面临的基本情况，不仅体现为农民的兼业化以及由农业部门转移到非农业部门，而且体现为在农业生产部门内部新型农业生产经营主体的出现及其催生的其他农业主体。本部分在农村劳动力转移的大背景下，认为实际从事农业劳动力人数的减少带来了分工收益，从而激励了农民选择新的生产经营方式，导致了农民分化。同时，本部分从侧面提供了经验数据对此进行论证，分析了农业政策的实施对农民分化过程的推动作用。当然，在现实中农民分化的程度和速度还受到其他各类因素的影响，比如所处区域经济发展水平、农业土地经营权转让的成本、农业生产要素市场的发育程度、农业生产所处的地理条件等，本章的分析没有涉及这些因素，在以后的相关研究中会逐步开展。

随着经济发展水平的提升，劳动力在部门间的转移和农业生产方式的改变是必然趋势，我们可将之理解为这是打破原有的均衡，形成一种更有效率的均衡过程，然而，在经济现实中，劳动力转移障碍仍然存在，严重影响到劳动力的配置效率。政府应该制定政策进一步顺应劳动力转移趋势，同时通过推动土地承包经营权流转，激活农业生产要素市场，鼓励农民选择有效的农业生产方式，促进农民合理分化，这既可以提高农业生产效率，又有利于农民收入的提高。当然，在此过程中，还应建立和完善各种社会保障体系，保障农民利益。

第四章　农民行为理性、闲暇需求与
务农劳动供给

关于农民行为的分析一直是学术界讨论的关键问题，农民不完全等同于企业家，也不同于普通劳动者，农民行为具有显著的自身特征，利用经济学范式分析农民行为，不得不首先考虑理性经济人假定在农民行为分析中的适用性。关于农民行为到底偏向"道义"还是"理性"，学术界存在较大争议。中国改革开放以来，经济体制发生重大变革，农村社会也发生了翻天覆地的变化，农业经济增长迅速，农民收入显著增加，这势必会影响农民的行为特征。在经典的劳动供给理论中，闲暇被假定为能带来正效用的消费品，而劳动会带来负效用，劳动者总是在给定的约束条件下寻求一个关于劳动和闲暇的均衡点，以达到效用的最大化。Berg 分析了非洲国家 20 世纪 60 年代之前的工业化过程中企业劳动力供给不足的情况，认为对于大部分非洲国家的农村居民而言[1]，当他们的收入水平能够满足基本生存需要之后，他们将大量增加对闲暇的需求，对于他们而言，存在一个目标收入水平（Income Goal），在达到这一目标收入水平之后，工资水平的进一步增加、农村务农收入的增加都会导致务工劳动的减少，从而减少劳动力转移的数量。随之而来，城市工业部门出现劳动力短缺，此时表现为工资与劳动供给的反向关系，这支持了背弯的劳动供给曲线假说，解释了非洲国家在早期工业化过程中所出现的劳动力供给不足的问题。对于农

---

① Berg, E. J., "Backward-sloping Labor Supply Functions in Dual Economies—The Africa Case", *The Quarterly Journal of Economics* 75（3），1961.

民而言，闲暇未必天然的就是正常品，它与收入水平密切相关，只有当收入达到一定水平之后，闲暇才可能被农民视为正常商品，农民才有可能在收入上涨之后以闲暇替代劳动。中国传统的农业生产中，由于地少人多，农业生产技术落后，很长时间内，无论是佃农还是雇工，他们只能获得维持基本生活需要的生存工资，无闲暇可言。本章主要从微观层面讨论在社会变革中，农民行为的特征，另外研究关于闲暇性质的核心假定，说明改革开放以来，随着中国农村居民收入水平的提高，闲暇已经成为一种能为农民带来正效用的正常商品，并提供经验证据对此进行说明。

一　中国农民的微观经济行为分析——理性抑或道义

当前中国市场经济改革逐步推进，社会各个领域发生变革，农村、农业和农民问题一直是专家学者关注的重点，有关农民行为选择的研究对于分析农村经济转型具有重要意义。随着经济发展和社会变革，农民的行为选择渐趋多元化，道义农民和理性农民的分界线也逐渐模糊。从 20 世纪 20 年代开始，农民学领域关于农民的微观经济行为出现了以舒尔茨、波普金为代表的形式主义和以恰亚诺夫、斯科特为代表的实体主义，即对"道义经济"和"理性小农"的争论，20 世纪 80 年代后，黄宗智、郭于华等综合相关观点，指出当前农民行为可能处于过渡阶段。

（一）"道义农民"和"理性农民"的行为特征

道义，是指道德义理，包括道德和正义等，道义行为主体亦可理解为社会人，他们不仅有追求收入的动机和需求，在生活工作中还需要得到友谊、安全、尊重和归属等。理性，一般指有进行判断、分析、综合、比较、推理、计算等方面的能力，"理性人"假定便是经济人假定，即以追求物质利益为目的而进行经济活动的主体，希望以最低的成本投入获得最大的利益。道义农民是纯精神和道德上的农民，几乎没有利益观，仍旧处于传统的小农经济中，生产经营活动以满足自身需求为主，善于规避风险。道义农民普遍具有的品质包括勤劳勇敢、勤俭朴实、经济自给自足、丰衣足食，道德上崇尚传统伦理，强调义务责任，尊重权威，长幼有序，具有强烈的传统价值观。理性农民是社会中理智而趋利的农民，行为和活动符合经济人假设，相较于道义农民他们更加趋利，和企业家一样追逐利润，创新思维活跃，富于理性，善于优化资源配置以获取最大利润。

（二）"道义农民"和"理性农民"的研究争议

自 20 世纪 20 年代以来，关于农民行为理性的研究逐渐形成了两种相互对立的理论学派，即以经济学为主，涉及社会学、人类学等多领域研究的"斯科特－波普金"论题，实质上这是一场实体小农学派与形式小农学派的论战，讨论农民的行为究竟偏向"道义"还是偏向"理性"。

以斯科特为代表的实体小农学派提出了"道义小农"概念[①]，该概念指出企业计算利润方法不适用于家庭农场，农民生产目的主要是满足家庭的消费需要，而非追求最大利润，小农的经济活动和生产组织均以此为基本的前提。追本溯源，斯科特的观点最早源于俄国新民粹主义农民学家恰亚诺夫[②]，他认为西方"古典主义"小农理论并不适用于革命前的俄国传统农民，从农民文化的非资本主义性质、农民生活的道德价值等民粹派立场出发，农民的生产不能理解为资本家追逐利润的最大化，农民生产的根本目的是满足日常生活的基本需求，即远离饥饿、维持温饱。以此为基础，恰亚诺夫对西方"古典主义"小农理论进行了批判，认为小农的行为选择遵循自身的逻辑和原则，生产上仅依靠家庭自身的劳动力，区别于资本主义的生产方式。波耶克通过对荷属爪哇（今印度尼西亚）农村 30 年的跟踪研究，指出在"农民社会"中，由于人们缺乏求利欲望与积累动

---

① Scott, J., C., *The Moral Economy of the Peasant* (New Haven: Yale University Press, 1976); 詹姆斯·斯科特：《农民的道义经济学——东南亚的反叛与生产》，译林出版社，2001。

② 恰亚诺夫：《农民经济组织》，中央编译出版社，1996。

机，只以"够用"为满足，因而也表现出了与"正常的"供应曲线反常的"非理性"行为[1]，他们普遍认为那种追求利益最大化的"经济人"假设已不适用于农民。以波普金为代表的形式小农学派提出了"理性小农"概念，这个概念沿用西方形式主义经济学关于人的假设[2]，认为农民像任何企业家一样，都符合"经济人"行为假设，农民的生产追求利润的最大化，该学派奉经济学家舒尔茨的理论为经典，舒尔茨在其著作中指出，传统农业部门的小农并非像人们的固有观念那样[3]，保守、呆板、懒散、消极、没有理性，在特定的资源和技术条件下，小农如同资本家一样，具有足够的进取精神和逐利观念，在生产活动中能对资源做出最有效率的利用，他还认为全世界的农民都是企业家，他们无时无刻不在与成本、风险、利润打交道，在他们各自的特定领域内，都在做着"算计"。从上述争论中不难看出，"斯科特－波普金"论题的主要矛盾是农民的微观经济行为是否具有"经济理性"，而斯科特和波普金的观点是互相对立的。西蒙（Simon）在理论上另辟蹊径，提出了有限理性人假设[4]，认为人是有限理性的，可以同时具有社会理性和经济理性。在理想状态下，人总是理性地去追求最优结果。但现实中受各种外部条件的影响，人总是处在一个不对称信息的环境下，与获得较大利益相比往往会更多地考虑风险，为了降低风险、保障安全，就会做出有限理性的选择。而对于信息相对闭塞甚至落后的农村社会，小农的有限理性表现更为突出。与不能百分百获得完美的利润相比，那些处于生存边缘的小农更愿意花费较小的代价、承担微乎其微的风险，以满足自身的物质生活需求。但对于那些富足的小农，他们已经不需要考虑温饱、生存的问题，他们在做出行为选择的时候，受约束

① Kravis, Irving, B., "The Journal of Economic History", *The Journal of Economic History* 14 (2), 1954.

② Popkin, S., *The Rational Peasant: The Political Economy of Rural Society in Vietnam* (Berkeley: University of California Press, 1979).

③ Schultz, T. W., "Transforming Traditional Agriculture", *Science* 144 (3619), 1964.

④ Simon, H. A., *Administrative Behavior – A Study of Decision Making Processes in Administrative Organization* (New York: Macmillan Publishing CO. Inc., 1971).

条件的影响较小，因此他们的逻辑、行为会更加理性，更愿意去追逐利润的最大化。马克思的"受剥削小农"带有强烈的价值取向，认为地主与农民之间是剥削与被剥削关系，小农的生产剩余主要是通过地租（包括劳役、实物和货币地租）和赋税形式而被地主及其国家所榨取。

国内关于农民行为理性的研究成果也非常丰富，很多时候可能不存在"道义小农"与"理性小农"的严格区分，比如，郎德认为"工分制"中，既体现了"道义经济"所强调的互惠、公平及"安全第一"的存活原则，又体现了"理性小农"所概括的权力、冲突和追求个体利益最大化的竞争和博弈冲动，二者的冲突与互动，在中国乡村普遍经历着的急剧社会变迁背景下，呈现极为复杂和微妙的层次和姿态。黄宗智提出这两种小农学派的争论——坚持一方完全否定另一方是无意义的[①]，他认为中国农民具有三个不同特性：第一，中国小农生产的首要目的是满足家庭自身的需求，在这个前提下，小农的生产、消费不同于资本主义现代化的农业体系；第二，中国的小农仍具有一定的"逐利性"，小农以满足市场的需求为生产目的，则必须依据供求、成本、收益去进行生产，在某种程度上这使得小农又具有资本主义的一些特性；第三，中国的小农是阶级社会和政治体系下的一部分，其生产的剩余产品常常被高于他们的阶层用来供应非农部门的消费需要。因此，黄宗智指出分析中国的小农行为应当综合各种具体情况，不能局限于某一个特定视角，中国小农不仅是满足自身需求的"道义小农"，还是有逐利倾向的"理性小农"。中国农民会根据具体环境、条件等内外部约束，做出相应的行为选择。他以农户种植棉花为例，大规模、实力强的农场的生产一般是以追逐利润为目的，而贫穷、弱势的小农，他们的生产首先是为了满足温饱、远离饥饿，但在一些极端的特殊的情况下（例如自然灾害、市场供不应求等），贫穷弱势的小农也可能冒险去扩大产量，以薄利多销的形式来获得较高的利润，进而维持生计。杜

---

① 黄宗智：《华北的小农经济与社会变迁》，中华书局，2000。

赞奇提出的观点与黄宗智类似[1]，不同的是杜赞奇认为斯科特和波普金二人的观点是彼此对立而不可交叉的，杜赞奇的研究表明任何一方的观点都不能完全地适用于那个时代的华北农村，双方理论的一部分特性却在当时华北的农村表现融洽。相较于理论上的创新，郭于华则指出"理性小农"和"道义经济"的区分并非一个真问题[2]，不论形式主义还是实体主义，其所说明的都是小农的"理性"，他认为前者是"经济理性"而后者是"生存理性"。且由于传统农业社会的农民仍然处在"水深齐颈"这样一种危机边缘生存状态之下，以谋生为目的的生存理性不仅具有合理性，而且是一种"生存的智慧"。李红涛等认为黄宗智等理解中国小农经济行为的观点有其合理性，但也存在一定的不足[3]，他们缺乏纵向的、对不同历史时期小农经济行为的分析，因此应当采用一种发展的、动态的方式，纵向地考察中国农民经济行为的性质，这将有助于认识问题的实质所在。高帆认为"道义小农"假设和"理性小农"是围绕目标函数和约束条件出发的两条主线[4]，通过对生存目的、要素投入和市场发育度的分析，他得出我国农户的经济性质具有过渡特征的结论。在给出政策选择的同时，他还认为这种农户经济性质的过渡性是与工业化、信息化、城市化、市场化和国际化等背景紧密相关的。马良灿认为实体小农学派将小农经济行为视为一种制度化、社会化和组织化的过程，他们过度依赖用制度、生存理性和道德伦理等因素去解释小农的经济性质，从而陷入了一种制度决定论困境，忽视了小农经济的微观基础及其实践性、现实性特征，忽视了农民作为行动者的主体性、自主性和理性在经济社会关系互动中的意义[5]。马小勇认为根据发展经济学的基本原理，如果农民是理性的，他们为了发展农业，提高生活水平，应当努力积累物质资本和

①　杜赞奇：《文化、权力与国家——1900—1942 年的华北农村》，江苏人民出版社，2003。
②　郭于华：《重读农民学经典论题——"道义经济"还是"理性小农"》，《读书》2002 年第 5 期。
③　李红涛等：《"理性小农"抑或"道义经济"：观点评述与新的解释》，《社会纵横》2008 年第 5 期。
④　高帆：《过渡小农：中国农户的经济性质及其政策含义》，《学术研究》2008 年第 8 期。
⑤　马良灿：《理性小农抑或生存小农——实体小农学派对形式小农学派的批判与反思》，《社会科学战线》2014 年第 4 期。

人力资源，运用新的技术知识，转移剩余劳动力，进行专业化生产，但是事实上，农民在这些方面表现的积极性有限①。

"理性小农"的反对者认为理性农民观点将农民置于完全竞争条件下的市场经济中，没有充分考虑不成熟市场经济条件下的农民的有限理性决策，把农民看作企业家式的经济人很难解释在农村家庭内部强烈的利他行为。若将农户视为一个相对独立的主体，仅从生物学角度研究农民家庭，则忽略了血缘关系与家庭文化意义，没有区分家庭内部的道义行为与对外理性行为的差异。农业生产周期长、受自然影响因素大，使农民的生产决策面临很大的不确定性，当风险承受能力较弱时，农民往往倾向于趋避风险。早期农民的弱流动性使得他们的行为受制度、文化和习俗的制约较多，在农村，经济行为同样受制于各种纷繁复杂社会关系。从现实来看，"理性小农"在一定程度上无法解释处在生存边缘的农户为何还要在人情往来上大量支出等，也无法解释农民缺乏足够的积极性去积累物质资本和人力资本、采用新技术、转移剩余劳动力、深化专业分工，以实现收入的增加。综合来看，无论是"道义小农"学派还是"理性小农"的理论观点都是在相应的社会制度下形成的，分析中国农民经济行为的性质也应在借鉴已有理论的基础上，结合中国国情，从政治、文化、社会制度等角度出发，基于多元化视角进行研究。

（三）农民微观行为的可能影响因素

1. 经济背景及社会制度变迁

从经济上看，农业现代化意味着市场关系扩展到前所未有的广阔领域②，从而给农村社会和农民的"生存伦理"带来巨大的冲击，市场化与商品化的推行不仅使得固定地租制越来越普遍，而且原有的保障农民基本生存的乡村保护机制也越来越弱化，以前"家长式"的统治者再也不愿去

---

① 马小勇：《理性农民所面临的制度约束及其改革》，《中国软科学》2003 年第 7 期。
② 巴林顿·摩尔：《民主和专制的社会起源》，华夏出版社，1987。

保护他们的"子民"了，农民所面临的生存风险大大增强。我国现行的以家庭联产承包责任制为核心的土地制度，虽然在一定程度上解决了生产激励问题，农民的生产积极性明显提高，但是从农业经济的长期发展来看，这种农地制度也有很大的局限性，比如在集体内公平分配土地的要求，必然导致农户的小规模经营，在土地肥力、位置方面的公平要求，则进一步导致土地的细碎化经营，造成了土地资源的浪费。户籍制度是推行重工业优先发展战略和计划经济体制的产物，导致出现就业歧视、社会保障歧视和教育培训歧视的现象。

2. 受教育水平和生存压力

农民受教育水平对农民微观经济行为选择的影响是显著的，随着受教育程度的提高，农民的思想观念越来越开放和理性，有利于他们做出理性决策。生存压力是产生"生存理性选择"的一个重要动因，可以解释改革开放之后农民大规模外出就业。"生存压力"既包括资源环境等自然条件方面的压力，也包括社会制度等结构性方面的压力，前者主要表现为人地关系的紧张，即在现实的生产经营条件和技术水平条件下，农村的生产资源难以创造出维持农村人口生存和发展的产出。耕地面积的递减，劳动力数量的递增，使得农村中相对"剩余"的人口日益增多，生存压力由此不断增加，为谋求生存而实现外出就业便成为农民不得不考虑的首要因素，生存理性选择由此得以充分体现。经验研究也表明，人地关系越紧张、生存压力越大的地区，农村人口外出就业的动机就会越强烈，生存理性选择就越主动、具体。

3. 社会心理及价值观念——以参保行为为例

钟涨宝等指出在农户参与新农保这一选择中，人们的行为更多地表现出马克斯·韦伯所谓的"价值合理性"、"情感性"以及"传统理性"的特质①。改革开放之后，整个社会转向"以经济建设为中心"，由此人们逐

①　钟涨宝等：《动员效力与经济理性：农户参与新农保的行为逻辑研究——基于武汉市新洲区双柳街的调查》，《社会学研究》2012 年第 3 期。

渐树立了"经济理性"的行动准则,这使得国家的社会动员能力下降,但如果动员参与的事项本身符合社会成员的经济利益,或具有很高道德属性,人们还是会表现出极大的参与热情。

(四)中国农民从生存理性到经济理性的过渡

基于马斯洛的需求理论,根据人们追求目标的不同假设,可以把人的理性行为分为三个层次:生存理性、经济理性和社会理性。生存理性是最基础的层次,只有在生存理性得到充分表现和发挥的基础上,才能进一步做出经济理性和社会理性的选择。由此,不难推断出农民的理性行为选择逻辑(见图4-1)。

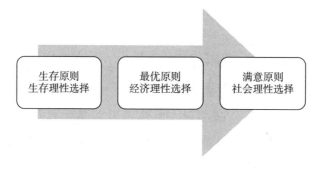

生存原则
生存理性选择

最优原则
经济理性选择

满意原则
社会理性选择

图4-1 农民行为逻辑

一般情况下,当生存压力大的时候,农民为了生存会选择达到最低生活标准的行为,而当生存压力变小时,会在保障基本生活的基础上追求利润最大化和满意合理化的目标。

图4-2显示1978年以后中国农村贫困人口数呈大幅下降趋势,1978年农村贫困人口数为25000万人,2011年为12238万人,降幅达到51.05%。20世纪80年代末农民基本达到了温饱水平,1992年以后生活水平迅速提高,1997年总体上实现了由温饱向基本小康的飞跃。与此同时,农村居民家庭人均收入呈快速增长趋势,2010年到2015年,农村家庭人均收入从不到6000元提高到超过10000元,接近翻番。贫困率下降、收入水平上升说明中国大部分农民不再需要挣扎于贫困线之下,满足温饱不再

是他们的首要目标，受家庭宗族、亲情伦理等社会性、生存性的因素影响越来越小，为了追求更高的生活层次和更好的生活水平，他们会像理性人一样，更多地考虑合理利用资源、减少机会成本，追求利益最大化。

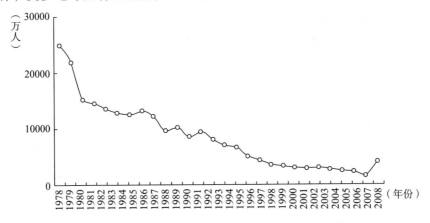

图 4 - 2　1978～2008 年中国农村贫困人口变化趋势

资料来源：《新中国六十年统计资料汇编》和《中国农村统计年鉴》等。

随着中国市场经济改革的深入，我国农业生产力和农产品供给能力显著提高，农业在国民经济中的地位有所下降，城乡二元经济结构发生了实质性的变化，在经济体制和经济结构转变的双背景下，农民的观念发生了变化，农民的行为选择越来越倾向于经济理性，农户的生产目标从风险规避向利润追求演变，要素投入从高度劳动密集型向资本-技术密集型转变，中国农民的微观经济行为整体上呈现由道义向理性过渡的特征，并随着时间的推移逐步趋近经济理性[①]。市场发育程度提高，要素流动更加通畅，可被利用的信息增加，尤其是加入 WTO 之后，市场价格机制进一步完善，这导致农户的生产行为与市场、商品交易的联系更加紧密，受市场的影响逐渐提高。农民的基本生存问题解决之后，农民的义利观发生变化，自主性和创造性得以充分释放。

1. 中国农民的生产行为理性

伍晶、韩耀和胡继连等关于中国农民生产行为的研究认为农户的生产目

① 翁贞林：《农户理论与应用研究进展与述评》，《农业经济问题》2008 年第 8 期。

前主要表现为理性行为与非理性行为并存、自给性生产与商品性生产并存、经济目标与非经济目标并存①。当前农民在从生存理性向经济理性过渡的这个阶段，衡量农民的生产行为主要依据是否具有更强的商品性生产、是否具有更明确的经济目标、生产行为是否更理性，更进一步地体现为农户生产的产品是否具有较高的商品率、是否具有较高的农业资源利用率。以三种粮食（主要粮食：水稻、玉米、小麦）的商品率为指标表征农产品商品率，农业资源利用率以三种粮食的平均每亩化肥使用量为指标表征，农业集约化经营程度以农村居民家庭平均每百户拥有小型手扶拖拉机数量为指标表征。

图 4 - 3 显示 2002 年至 2016 年，中国主要粮食商品率从 48.5% 上升至 74.8%，商品率上升了 26.3 个百分点，呈快速上升趋势，粮食商品率不断提高。

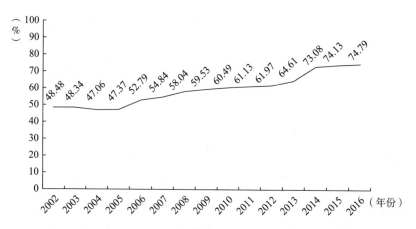

图 4 - 3 中国三种粮食（主要粮食：水稻、玉米、小麦）商品率

资料来源：《中国农村统计年鉴》和《中国农产品成本收益资料汇编》。

图 4 - 4 的数据显示了两个趋势：中国三种粮食平均每亩化肥使用量呈波动式增长，中国三种粮食每亩化肥使用量呈缓慢式增长，农民对资源

---

① 伍晶：《农户生产行为浅析》，《南方农村》1997 年第 4 期；韩耀：《中国农户生产行为研究》，《经济纵横》1995 年第 5 期；胡继连等：《农业弱质特性与农业保护》，《农业经济》1995 年第 1 期。

的合理利用意识不断加强。

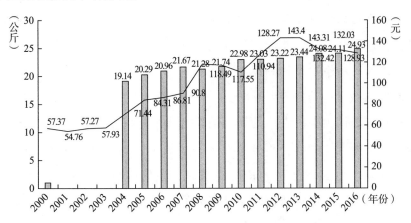

图 4 - 4　中国三种主要粮食（水稻、玉米、小麦）化肥使用情况

注：折线为化肥金额，柱状图为化肥使用量。

资料来源：《中国农村统计年鉴》和《中国农产品成本收益资料汇编》。

图 4 - 5 数据显示，自 1985 年起中国农村家庭平均每百户拥有小型和手扶拖拉机数量总体上呈显著增长趋势，虽然自 2000 年起增速放缓，但由最低时期的每百户 2.71 台到峰值的 21.06 台，近 20 台的增加量充分表现出农业生产经营集约化程度提高。

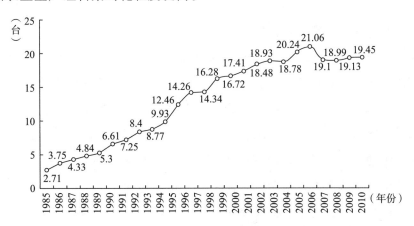

图 4 - 5　中国农村集约化经营程度情况

资料来源：《中国统计年鉴》。

综合来看，粮食生存的商品率不断提高、农民利用资源的意识不断增强以及农户生产集约化经营程度不断提高，这体现出中国农民的生产行为表现出理性行为不断增加、非理性行为不断减少，自给性生产不断减少、商品性生产不断增加，非经济目标比重逐渐少于经济目标等特征，从而体现了中国农民从生存理性到经济理性的过渡。

2. 中国农民的消费行为理性

杨新华等认为中国农户的家庭消费行为虽然可以借助主流消费理论来解释，但更为有效的解释需要立足于对农民经济性质的研究[①]。当中国农民作为具有"生存理性"的传统小农时，他们的消费行为显得十分的保守、慎重。他们的消费结构以满足家庭的支出为主，主要是满足家庭自身需求的食品支出、医疗支出等刚性的支出。而当中国农民由生存理性向经济理性过渡时，他们的消费结构由单一变得多样、由简单变得复杂，具体则表现为中国农民家庭恩格尔系数的变化。

图4-6数据显示，自1978年中国改革开放后，中国农民的食品支出总额占消费总支出的比重不断下降，随着改革开放的推进和经济发展，农民收入水平不断提高，在满足了自身生存需求后，微观消费行为由满足原先的基本生存需求向当前兼顾精神需求的方向转变。此外，农民的消费偏好、消费心理、消费习惯上的一系列变化也可以印证当前中国农民由生存理性向经济理性的转变。从农民的消费偏好来看，从原先的求实、求稳向当前的求快、求利转变；从农民的消费心理来看，由原来的求实心理、从众心理向攀比心理、求异心理转变；从农民的消费习惯上看，由原来的单一性需求向当前的多样性需求转变。例如，农民原来的消费一般局限于高于村一级的乡、镇市场，而现在更倾向于去大中城市或是更高层级的县、市乃至于省会城市进行消费。其他类似变化还包括消费出行方式，农民以往一般以步行、自行车、公共交通为主，而当今农村，随处可见农民用来拉货的小皮卡或是用于自身出行需求的小轿车。这种由生存理性向经济理

① 杨新华等：《农户家庭消费行为的多视角分析》，《西部论坛》2010年第3期。

性过渡的消费行为表现还有很多，不一一列举。

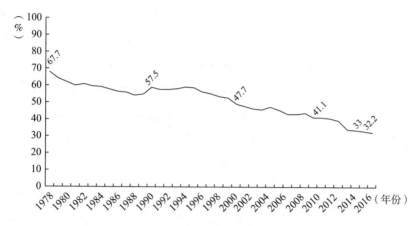

图4-6　中国农村家庭恩格尔系数

资料来源：国家统计局国家统计数据库。

二　"劳苦规避型农民"假说

对农民角色的假定，是分析农业生产行为的前提。在经济社会中，农民表现出复杂的特性，这给对农民的定义带来了很大的困难。"很少有哪个名词像'农民'这样给农村社会学家、人类学家和经济学家造成这么多困难"，不同的学科研究关注的农民特征也不同。从社会身份的视角出发，受二元社会结构和中国户籍管理制度控制，农民无法与城市居民享受同等福利待遇，社会地位较低。从职业的视角来看，农民被定义为以土地为主要生产资料，长期从事农、林、牧、副、渔等农业行业生产的劳动者，这一定义将农民等价于农业生产者。在二元经济形态下，从产品的生产和消费、所面临的市场环境、劳动投入等方面来看，农民与工人、企业家存在显著的差别。例如，从产出来看，农民生产出来的农产品一部分用作家庭消费，另一部分进行市场交换，获得生活需要的其他产品，另外农民生产的一个决定性经济特征是依靠家庭劳动。据此弗兰克·艾利思等将农民定义为主要从农业中获得生活资料、在农业生产中主要利用家庭劳动的农户。本章主要从农民作为农业生产者的角度出发，考察农民的特征及其变化[①]。

即便作为农业生产者的农民，他们也表现不同的特质。首先，作为农产品的供应者，他们具有企业部门的特质，追求有效率的生产，并在满足家庭生活保障的同时，尽量得到利润。Schultz 提出了一个著名假说，认为在"传统农业中，生产要素的配置很少出现显著无效率现象"[②]。农民总是试图在有限的土地上，通过对土地的耕种和维护，改善和提高农业生产效率，最大化农业产出水平。其次，农民也可以被看作具有强烈风险意识的生产者。在经济发展水平落后的国家，存在由于农业生产技术水平落后、社会保障体系不够完善以及抵御自然灾害的能力较弱等问题，农民的生产具有高度的不确定性，所有这些不确定性都加剧了农民的贫困程度，导致他们在生产和储蓄过程中，不得不更多地考虑即将面临的风险。在微观层面上，不确定性必将导致农民做出次优的经济决策。然而，恰亚诺夫认为，以家庭成员的劳动为基础的农民家庭，农民生产的目的主要是满足家庭消费的需要，而不是像企业家一样追求利润最大化，由此建立了农民家庭的劳动－消费均衡理论。

当然，本书更关注农民作为生产者的第三种特性，他们在劳动的同时，也会对闲暇产生需求，即劳苦规避型农民。从技术上讲，要分析农民对闲暇的需求，无非就是在其效用函数中加入闲暇变量，分析收入变动对其闲暇需求的影响。A. V. Chayanov 模型分析了存在闲暇需求的农村家庭的决策行为，建立了家庭效用最大化理论[③]，20 世纪 60 年代，Mellor、Sen[④]、Nakajima 从不同角度阐述了该模型的微观基础[⑤]。在 Chayanov 模型中，农民为获得家庭的消费需要而参加农业生产，以此获得收入并产生正

① 弗兰克·艾利思等：《农民经济学：农民家庭农业和农业发展》，上海人民出版社，2006。

② Schultz, T. W., "Transforming Traditional Agriculture", *Science* 144 (3619) 1964.

③ Harrison, M., "The Peasant Mode of Production in the Work of A. V. Chayanov", *Journal of Peasant Studies* 41 (4), 1977.

④ Nakajima, C., *Subjective Equilibrium Theory of the Farm Household.* (Amsterdam: Elsevier, 1986).

⑤ Mellor, J. W., "The Use and Productivity of Farm Family Labor in Early Stages of Agricultural Development", *Journal of Farm Economics* 45 (3), 1963; Sen, A. K., "Peasants and Dualism with or without Surplus Labor", *Journal of Political Economy* 74 (5), 1966.

向效用，另外，由于农业劳动是辛苦和乏味的，产生负的效用，其效用函数取决于收入水平和闲暇时间：

$$U = f(Y, H)$$

对效用函数的约束源于三个方面：①生产函数，即投入产出的效率函数；②最低收入水平，可视为达到社会可接受的最低生活标准的消费水平；③最长的劳动时间，三个条件可做如下表述：$Y = P_Y \cdot f(L)$、$Y \geq Y_{min}$、$L \leq L_{max}$。

Chayanov 的农民家庭生产决策模型与经典的劳动供给模型并没有太大的差异，模型的假设和结构都是相似的，因此也可以得到一条向后弯曲的劳动供给曲线。此模型的不同之处在于，家庭规模和家庭结构对模型的均衡解有重大意义，这两个因素通过改变模型的参数空间和约束条件影响农民的劳动决策。所谓的家庭规模是指家庭中的消费人口数量，它决定了家庭的最低生活支出，家庭结构是指消费人口与劳动人口的比重，决定了家庭的最长劳动时间和最高的生产效率。根据 Chayanov 模型，可以检验一系列外生因素对农民家庭经济表现影响的命题，例如可耕种土地面积对生产的影响、家庭中从事非农劳动人口对生产的影响等。基于上述分析，模型见图 4-7 所示。

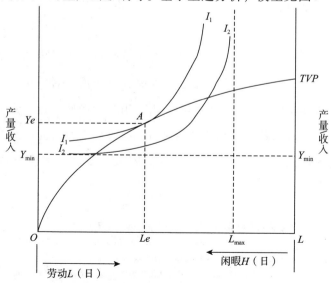

图 4-7　劳动投入、闲暇需求与农业产出

三　收入与闲暇

学界对闲暇的研究由来已久，对闲暇的定义各有不同。马克思把时间分为"工作时间"和"自由时间"，其中"自由时间"包括"非劳动时间"，"不被生产劳动所吸收的时间"，"个人受教育的时间、发展智力的时间、履行社会职能的时间、进行社交活动的时间、自由运用体力和智力的时间"，是广义上的闲暇。以后关于闲暇的定义，大多基于时间的区分，认为在工作之余进行的休闲、消费及其他自由支配时间的活动，它们的区别在于对闲暇时间功能的不同解释。一些研究者认为闲暇是人们从劳动或者其他义务工作中解放出来，自由放松，转换心情，取得社会成就并促进个人发展的可利用的时间。早期对闲暇的研究，都是基于哲学或社会学理论[1]，分析闲暇的性质，以及人们追求闲暇的目的等，如希腊哲学家亚里士多德就认为，闲暇是一切事物环绕的中心，是科学和哲学诞生的基本条件之一。

古典经济学研究过多地关注生产，具有强烈消费性质的闲暇没有得到重视。经济学中对闲暇的研究始于 Thorstein Veblen，之后 Knight 和 Pigou 构建了经典的"工作－休闲"模型[2]，以研究工资变动对劳动供给的影响。从定义上看，与之前的理论相比，经济学没有赋予闲暇更多的内涵。从方法论上来讲，闲暇作为收入和其他商品的替代商品，进入消费者的决策中，它的消费属性和一般商品没有差异。Robinson 认为相对于物质收益，劳动者更看重闲暇，尤其是当劳动者收入水平已经很高，抑或是工作时间已经持续很长时间之后，对闲暇的需求更加强烈，此时，闲暇与劳动被完全看作对立面[3]。

---

① 张广瑞等：《关于休闲的研究》，《社会科学家》2001 年第 5 期。

② Knight，F. H.，"The Place of Profit and Uncertainty in Economic Theory"，*Risk*，1921；Pigou，A. C.，*The Economics of Welfare*（MacMillan，1920）.

③ Robinson，E. A. G.，*The Desirable Level of Agriculture in the Advanced Industrial Economies*（Palgrave MacMillan UK，1969）.

而 Linder 认为不能将两者对立起来[1]，在时间有限前提下，物质收入并不是影响福利的最重要因素，很难将两者的关系模型化[2]。Becker 在他的时间分配理论中，也认为闲暇和劳动时间并不是对立的，闲暇和消费活动是相互渗透的，闲暇对劳动者有积累资本和能量的作用，两者的最佳组合使消费者达到效用最大化[3]。主流观点认为，只要当消费者的物质消费满足到一定程度之后，闲暇才会受到足够重视。收入的提高降低了消费的边际效用，提高了闲暇的边际效用，消费者对闲暇的需求更强烈。非理性假说认为农民是非理性的和懒惰的，在生存所需的收入被满足后，对偏好的收入迅速下降，工资上升时减少工作时间，增加闲暇需求[4]。然而，Prasch 重新分析了闲暇的性质，认为闲暇并不如一般理论所假设的那么简单。在传统理论中，闲暇与非劳动时间是相同的概念，意味着相等的闲暇时间给他们带来的边际效用是相等的[5]。而现实情况是，闲暇是非劳动时间（Free Time）与购买力（Purchasing Power）的联合产品，相同的闲暇时间给不同收入水平的消费者带来的边际效用是不同的。与此同时，家务劳动对于收入较低的劳动者而言可能是一种闲暇，但对收入较高的劳动者，家务劳动却剥夺了他们的闲暇时间。由此，Prasch 认为闲暇与收入的单调关系是随着收入的增长而发生变化的，在劳动者极度贫困的状态下，多余的闲暇时间不但不能给他们带来正的效用，反而成为一种负担，闲暇的边际效用与收入是正相关的，只有当工资上升到一定水平之后，劳动者对闲暇的需求才会增加，并且随着工资水平的上升，工资与闲暇需求呈现非单调函数关系（见图 4 - 8）。

[1]　Linder, S. B., *The Harried Leisure Class*（Columbia University Press, 1970）.

[2]　Soule, G., "The Economics of Leisure", *Annals of the American Academy of Political & Social Science* 313 (1), 1957.

[3]　Becker, G. S., *The Economic Approach to Human Behavior*（University of Chicago Press, 1976）.

[4]　Berg, E. J., "Backward-Sloping Labor Supply Functions in Dual Economies—The Africa Case", *The Quarterly Journal of Economics* 75 (3), 1961; Huang, Y., "Backward-bending Supply Curves and Behavior of Subsistence Farmers", *Journal of Development Studies* 12 (3), 1976.

[5]　Prasch, R. E., "Reassessing the Labor Supply Curve", *Journal of Economic Issues* 34 (3), 2000.

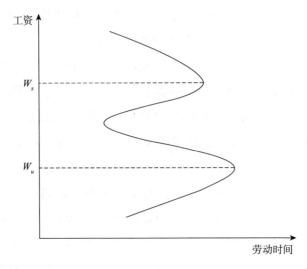

图 4 - 8　工资上涨与劳动时间

收入和闲暇的关系还可以通过 Battalio 等关于劳动力供给的实验得到说明[1]，他们的实验结果表明鸽子的行为与经济学理论完全一致，非劳动收入和工资率是影响劳动供给的核心因素。

四　中国农民对闲暇的需求

中国是一个人口大国，也是一个农业大国，在几千年的历史进程中，农民在经济社会的演进中扮演着重要的角色。与此同时，中国是一个人多地少的国家，在几千年的农业耕作中，在有限的土地上养活众多的人口是件不易的事情，中国农民向来都是精耕细作，最大限度地提高农业产出。"四民之中，惟农最苦，寒耕热耘，沾体涂足，戴日而作，戴星而息；蚕妇治茧，绩麻，纺纬，屡屡而积之，寸寸而成之，其勤极矣"[2]，这是对中国农民生存状态最形象的描述。对于他们而言，放弃劳

① Battalio, R. C., Green, L., Kagel, J. H., "Income-leisure Tradeoffs of Animal Workers", *The American Economic Review* 71 (4), 1981.

② 陈焕章：《孔门理财学：孔子及其学派的经济思想》，中央编译出版社，2009。

作享受清闲是奢侈的事情。然而，随着农村社会的变迁，以及收入水平的提高，我们有必要对农民的生存状态重新审视。在更高的经济发展水平下，仍然将农民看作毫无闲暇需求的经济个体，不符合经验事实。改革开放之后，随着农村劳动力的转移，农村可耕种的人均土地面积上升，对于农村家庭而言，农业收入占家庭总收入的比重逐年下降，留在农村从事务农劳动的人口比例大幅度下降，而且其中很多是老人和妇女，如果仍将农民看作对闲暇仍无任何需求的劳动者显得过于牵强。耐用消费品的消费数量虽然不能直接表示农民对闲暇的需求，但可以从侧面反映出随着收入的增长，农民对舒适生活质量的追求（见表4-1）。

表4-1 农村居民家庭主要耐用消费品拥有量（平均每百户）

指标	单位	1990年	1995年	2000年	2008年	2009年	2010年	2011年	2012年	2013年	2014年	2015年	2016年
洗衣机	台	9.1	16.9	28.6	49.1	53.1	57.3	62.6	67.2	71.2	74.8	78.8	84.0
电冰箱	台	1.2	5.2	12.3	30.2	37.1	45.2	61.5	67.3	72.9	77.6	82.6	89.5
空调机	台	—	—	1.3	9.8	12.2	16.0	22.6	25.4	29.8	34.2	38.8	47.6
抽油烟机	台	—	0.6	2.8	8.5	9.8	11.1	13.2	14.7	12.4	13.9	15.3	18.4
吸尘器	台	—	0.3	0.4	1.1	1.2	1.4	1.2	1.5	—	—	—	—
自行车	辆	118.3	147.0	120.5	97.6	96.5	96.0	77.1	79	—	—	—	—
摩托车	辆	0.9	4.9	21.9	52.5	56.6	59.0	60.9	62.2	61.1	67.6	67.5	65.1
彩色电视机	台	4.7	16.9	48.7	99.2	108.9	111.8	115.5	116.9	112.9	115.6	116.9	118.8
黑白电视机	台	39.7	63.8	53.0	9.9	7.7	6.4	1.7	1.4	—	—	—	—
固定电话	部	—	—	26.4	67.0	62.7	60.8	43.1	42.2	—	—	—	—
移动电话	部	—	—	4.3	96.1	115.2	136.5	179.7	197.8	199.5	215	226.1	240.7
照相机	部	0.7	1.4	3.1	4.4	4.8	5.2	4.5	5.2	4.4	4.5	4.1	3.4
家用计算机	台	—	—	0.5	5.4	7.5	10.4	18.0	21.4	20.0	23.5	25.7	27.9

资料来源：《中国农村统计年鉴》。

土地、劳动力、农业资本是最基本的三种生产要素，而耕地则是农业生产最基本的生产要素之一，也是人类赖以生存和发展的基本资源和必要条件。新中国成立后，我国人口日益增多，耕地却在不断减少，人均耕地面积约为 1.38 亩，仅为世界平均水平的 40%。在这样严峻的形势下，要实现农业和人类的可持续发展，就必须要保持有限的耕地数量不再继续减少。农民对闲暇具有需求也体现为近年来农村土地的抛荒增加。根据马清欣等的数据，农村耕地撂荒现象普遍存在，尤其是在中西部粮棉主产区表现最为突出①。2000 年安徽省统计的土地撂荒面积为 9 万公顷，占总承包面积的 1.2%，生产条件较差的江淮地区少数地方为 5% ~ 10%。皖北的寿县 2000 年土地撂荒面积为 1.09 万公顷，占全部耕地面积的 9%。其中常年性撂荒 7800 公顷，占撂荒面积的 72%；季节性撂荒 3000 公顷，占撂荒面积的 28%；撂荒在 2 年以上的 2906 公顷，占撂荒面积的 26.7%，占耕地面积的 2.5%。2000 年土地撂荒面积比 1999 年增加 6333 公顷，增加 1.4 倍。远县农调队在调查的 9 个乡镇中，有土地撂荒的村 107 个，占调查乡镇总村数的 95.2%。土地撂荒面积为 2323 公顷，占 9 个乡镇耕地总面积的 11.7%。其中连江镇天塘村耕地已有 1/3 撂荒。该村小苏村民小组撂荒面积达 71%，全组 26 户居民，只有 8 户从事农业生产。在蒋集乡黄集村甚至出现了全村 29.6 公顷土地全部撂荒的现象。2000 年湖北省季节性撂荒面积达 13.3 万公顷，占耕地总面积的 4% 左右。2000 年江西省撂荒面积为 4.3 万公顷，占全省现有耕地的 2% 左右，其中季节性撂荒占撂荒总面积的 80%。重庆市 2000 年土地季节性撂荒达到 12.6 万公顷。江苏、山东的 4 个县市，暗荒耕地占耕地总面积的 20%，明荒耕地占 1.4%。虽然一些文献从农业生产的比较收益、土地制度、撂荒土地的生产条件，以及农村劳动力数量等角度解释农业土地撂荒这种现象②，但不可否认，撂荒的原因也是在农村居民基本生活需要得到满足的前提下，随着居民收入水平的提高，他们自愿放弃对这部分土地的耕种，产生了对闲暇的更多

---

① 马清欣等：《对当前农村耕地撂荒和耕地质量下降问题的探讨》，《中国农业资源与区划》2002 年第 4 期。
② 蒋玲珠：《农村耕地抛荒的原因分析》，《中国统计》2004 年第 12 期；刘润秋等：《农地抛荒的深层次原因探析》，《农村经济》2006 年第 1 期。

需求。

调查数据显示劳动力转移后，4 个区县有 54.7% 的农户存在耕地抛荒情况，抛荒面积为 62.7 亩，抛荒农户的户均抛荒面积为 1.53 亩。其中南昌没有农户存在抛荒情况，九江也只有 3～4 户农户有耕地抛荒，自贡、新余的抛荒户数略多，都为 18 户。这主要源于该地区以山地为主，农户的很多土地离家较远，且每块土地的面积较小、土质较差，所以有个别农户放弃了对偏远、贫瘠的小块土地的耕种；还有部分农户选择转包出土地，在耕种的 283.5 亩土地中，转包出去的有 41.6 亩，占比 14.67%，转包对象主要是亲属或同村人。

根据查雅诺夫提出的农民经济理论及后来对该理论的完善和修正，影响农民在闲暇和获取收入的劳动之间进行选择的主要因素包括农民家庭规模、家庭中劳动人口与非劳动人口的数量比例、家庭劳动力的绝对数量，以及社会可接受的最低生活水准等。下文将提供部分经验证据来说明中国农民对闲暇需求的增加及表现。

（一）收入增长

根据查雅诺夫模型，收入是决定农民对闲暇需求的重要因素，只有在收入高于社会可接受的最低生活标准之后，农民才会产生对闲暇的需求。张晓辉认为新中国成立之后，中国农民的收入变动分为 5 个阶段，如果只考虑土地在国家和集体所有制下，土地经营制度对农民收入的影响，大致可以以 1978 年作为分界点分为前后两个时期[①]。1978 年以前，中国实行完全的计划经济，农民既没有土地的所有权，也没有完全的自主经营权。另外，加上农产品价格完全由国家控制，政府为增强工业化初期所需要的资本积累，有意压低农产品价格。在这一时期，无论是农村的农民，还是城市居民，他们的收入也只

---

① 张晓辉：《中国农村居民收入分配实证描述及变化分析》，《中国农村经济》2001 年第 6 期。

能维持基本的生存需要,毫无储蓄而言,只得到一个生存工资①。在一些资源匮乏、生产条件基期恶劣的地区,农业产出甚至保证不了当地居民的基本生活需要,他们长期处于贫困线以下。因此,对于只能得到一个生存工资的农民而言,过多的剩余时间只能带来负担,他们对于闲暇毫无需求。改革开放之后,随着土地经营制度的变革,全国各地区逐步实行家庭联产承包责任制,并且国家也逐渐放开对农产品价格的管制,农民的生产积极性得到极大的提高,农产品产量大幅度提高,农民收入增加。家庭联产承包责任制的实施,一方面,解决了"平均主义"体制下的诸多问题,对农业生产具有强大的激励作用;另一方面,随着各项有利于劳动力流动制度的修正,以及城市工业化对劳动力的需求增加,农村家庭的剩余劳动力逐步被解放出来,弃土进城,进入工业部门。20 世纪 90 年代之后,大规模的农村剩余劳动力流出,既提高了农村居民的整体收入水平,也改变了他们的收入结构。1978 年农村家庭人均纯收入为 133.6 元,2013 年为 8895.9 元,涨幅巨大(见图 4 - 9)。

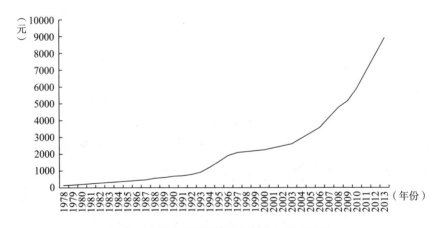

图 4 - 9　农村居民家庭人均纯收入增长趋势

资料来源:《中国农村统计年鉴》(各年)。

由于农村家庭非农就业人口和就业时间增加,农业生产经营性收入所

---

① 胡景北:《农业土地制度和经济发展机制:对二十世纪中国经济史的一种理解》,《经济学(季刊)》2002 年第 1 期。

占比例降低，来自务工的工资性收入所占比例大幅度提高。家庭联产承包责任制完全推广之后，1983 年工资性收入仅占总收入的 19%，农业经营收入占总收入的 73%，2013 年工资性收入占总收入的 39%，农业经营收入占总收入的 42%（见图 4 - 10）。

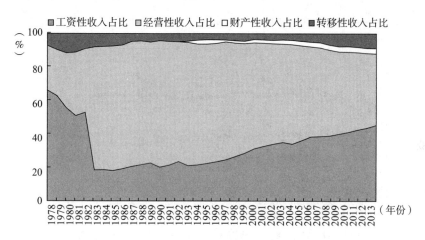

图 4 - 10　农村家庭收入结构

资料来源：《中国农村统计年鉴》（各年）。

随着收入水平的提高及农村家庭收入来源结构的变化，留在农村继续从事务农劳动的居民对闲暇的需求将更加强烈，这会影响他们的务农劳动供给弹性。

（二）单位劳动力所承载的人口数量

农村家庭人口规模是决定农民对闲暇需求的重要因素，农村家庭单位劳动力所负担的人数越多，闲暇给他们带来的边际效用越低，与人口数量少的家庭相比，要保证总体效用水平不变，让他们放弃一单位收入所需要的闲暇数量更多。改革开放之后，中国实施计划生育政策，严格控制了人口的增长，尤其在农村，生育率大幅度下降。另外，随着农村大规模的劳动力转移，尤其是那些长期在外从事务工劳动的农民，他们的生活已经不再依赖于家庭的农业产出，日常生活完全源于自身的务工收入，这大大降低了家庭农业劳动者的负担。从以上的分析来看，与改革开放之前相比，目前中国农村家庭单位劳动力负担的人口数量将会明显降低，这将导致闲暇给农民带来的边际效用增加，农民会拥有更多的时间用于闲暇，从而提高总体的效用水平（见图 4 – 11）。

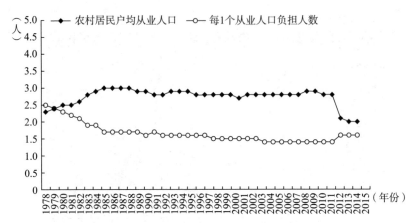

图 4 – 11　平均每户劳动力人数和单位劳动力负担人口数量

资料来源：《中国农村住户调查年鉴》（各年）。

（三）劳均耕地面积

中国人口众多，但可耕地面积有限，单位耕地面积上需要养活的人口很多。黄宗智认为中国农村区别于西方国家（主要指美国和法国）的一个重要体现就是单位土地面积上承载的人口过多，从而衍生出了中国农业与这些国家不同的发展路径[①]：20 世纪，中国的家庭农场平均面积，只有当时美国农场的 1/60，法国农场的 1/10，这一根本差异对中国农业和经济整体结构有一定的束缚作用，导致了中国农业过高的土地生产率和较低的劳动生产率。1978 年，家庭联产承包责任制在全国各地逐步实施之后，农村土地以人口为单位，平均分配给每个农户，如果两个家庭的人口规模和结构相同，他们拥有的土地数量也是相等的。在承包期内，即便家庭中有人

---

① 黄宗智：《华北的小农经济与社会变迁》，中华书局，1986。

进入城市务工，只要户籍没有发生变动，家庭拥有的土地面积不会减少。中国的劳动力转移不同于其他国家，在最初的迁移时期，农村劳动力虽然进入城市工作，但不能享受与拥有城市户口的劳动者相等的待遇，所以即使他们离开了农村，仍然享有土地的使用权，土地被家庭内的其他成员耕种。20 世纪 80 年代中期之后，随着劳动力的流出，真正留在农村从事务农的劳动人数减少，而每户家庭拥有的土地不变，相应地，农村人均可耕种土地就增加了，如果假定流出的劳动者完全不依赖于家庭的农业产出，就意味着单位土地面积上需要养活的人口数量减少，由此可以降低务农劳动者的劳动强度，当收入增加之后，他们会增加对闲暇的需求（见图 4 - 12）。

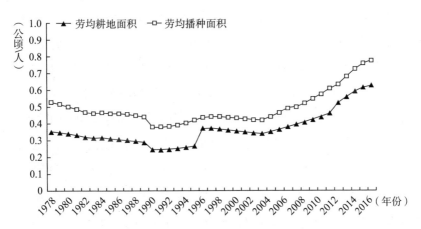

图 4 - 12　劳均耕地面积和劳均播种面积

资料来源：《中国农村统计年鉴》（各年）。

（四）务农劳动人口结构

从劳动力流动的性别结构来看，与男劳动力相比，女性劳动力流动规模小。早期数据显示，1993 年的外出劳动力中，男性占 72.1%，女性占 27.9%，1994 年，北京市的一次流动人口调查表明，男性流动人口为 63.5%，女性流动人口为 36.5%，在转移出去的女性劳动者中，年轻人和受教育水平较高的劳动者占大多数[1]。2017 年农民工监测调查报告显示，在外出的农民工中，男性占 65.6%，女性占 34.4%。刘晓昀等研究表明中国农村劳动力非农就业存在显著的性别差异，控制其他变量，农村女性劳动力从事非农就业的可能性比男性低 24%[2]。在中国农村，传统的家庭分工模式是"男主外、女主内"，这种分工模式往往是家庭福利最大化的一种有效途径，与男性相比，农村妇女需要承担更多的培养子女、赡养老人等家务劳动，所以，务农收入上涨给女性带来的替代效应，既体现为务农劳动与闲暇之间的相互替代，也体现为务农劳动与家务劳动之间的相互替代，因此，随着务农收入的提高，农村的女性劳动者可能更倾向于将更多的时间分配到子女教育或其他家务劳动上，抑或是增加更多的闲暇需求。

劳动力转移也表现为大批青壮年劳动力向城市的转移规模逐渐增长，国家统计局 2017 年农民工监测调查报告显示，外出农民以青壮年为主，2017 年农民工平均年龄为 39.7 岁，比 2016 年提高 0.7 岁。从年龄结构看，40 岁及以下农民工所占比重为 52.4%，比 2016 年下降 1.5 个百分点；50 岁以上农民工所占比重为 21.3%，比 2016 年提高 2.2 个百分点，自 2014 年以来比重提高呈加快态势。1980 年及以后出生的新生代农民工逐渐成为农民工主体，占全国农民工总量的 50.5%，比 2016 年提高 0.8 个百分点，相应地，留在农村的劳动力者，年龄结构偏大，可推测的是考虑到预期寿命和劳动能力，随着收入的增加，农村老人通常对闲暇具有更强烈的需求。

五 结论

通过本章的分析，综合已有相关研究观点，并基于本章提供的经验数据，本书可认为在市场逐步完善以及基本不再面临生存压力的背景下，中

---

① 李实：《中国农村女劳动力流动行为的经验分析》，《上海经济研究》2001 年第 1 期。
② 刘晓昀等：《中国农村劳动力非农就业的性别差异》，《经济学（季刊）》2003 年第 2 期。

国农民的行为正处于由"生存理性"向"经济理性"过渡的阶段，这有利于农民合理配置家庭资源，提高农业生产效率。闲暇被假定为能给劳动者带来正效用的消费品，对于中国农民而言，闲暇并非天然的正常品，当收入不能满足基本生活需要时，过多的闲暇反而带来负担，本章接受在收入增长到一定阶段之后农民作为具有闲暇需求的劳动者的假定。随着农村居民收入水平的提高和其他经济因素的转变，农民对闲暇的需求越来越强烈，这对务农劳动投入产生负向影响，从而影响农产品供给。

第五章　惠农政策对实际务农劳动投入的影响

　　改革开放之后很长时间内农民收入增长缓慢，城乡收入差距日益扩大，这是中国经济增长面临的重要问题，1978 年城镇居民收入大约为农村居民收入的 2.5 倍，2014 年城乡居民名义收入差距达到 2.75：1，名义收入差距最大省份的比值为 3.47：1，最小为 1.85：1。考虑生活成本差异之后，全国城乡居民实际收入差距为 2.02：1，城乡实际收入差距最大省比值仅为 2.5：1，实际收入差距最小省则为 1.4：1[①]，缩小城乡差距还有较长的路程要走。农民负担是制约农民收入增长的重要原因，改革开放初期，政府为增加农民收入，曾多次提高农产品统购和派购的价格，效果明显。20 世纪末期，我国已基本实现了农产品的供给平衡，不存在长期的农产品短缺问题，"三农"问题的核心转移到了农民收入增长上[②]。2000 年之后，中国政府逐渐通过推行各种政策措施和进行相关改革，从直接提高农民收入和减少农民负担两个方面增加农民的收入，农民负担降低意味着实际收入水平增加，收入变化必然影响到务农劳动者的供给决策，从而影响农村总务农劳动时间。本章在建立模型时以农业家庭中的个体劳动者作为决策主体，假定补贴是针对个体劳动者，分析劳动补贴对劳动时间的影响。为便于分析，仍然假定补贴数额在家庭内部所有劳动者之间进行平均分配。

---

① http://www.stats.gov.cn/tjzs/tjsj/tjcb/dysj/201608/t20160808_1385893.html.
② 经济与合作发展组织：《中国农业政策回顾与评价》，中国经济出版社，2005。

一　含有非劳动收入的劳动供给模型

经典的劳动供给理论认为，非务农收入是影响劳动时间的重要因素，由于非劳动所得是劳动者不需要参加任何劳动所得到的收入，对劳动时间的影响不同于工资率的变动。对于劳动者而言，工资率变动会因为闲暇变得昂贵而产生替代效应，与此同时，也会因为收入增加而导致对闲暇产生更多需求，这一效应被称为收入效应。随着工资率的变动，劳动者劳动时间变动最终取决于两种效应的综合比较。非劳动收入的增加只会带来正向收入效应，减少劳动者工作时间。Eakin 等经验研究表明，对于得到不同数量遗产的两组劳动者来说，获得较多遗产数量的那组劳动者确实降低了劳动参与率，从而验证了非劳动收入对劳动决策影响的假说[①]。

均衡条件下，劳动者劳动供给必须满足以下条件：$\dfrac{U_L(C^*,R^*)}{U_C(C^*,R^*)}=w$，即无差异曲线与预算约束线的切点（见图 5-1 中的 E 点和 E' 点）。非劳动收入 R 决定 A 点的位置，即保留工资水平，当且仅当与效用函数对应的无差异曲线与预算约束线的切点位于 A 点左侧时，劳动者才能提供严格为正的劳动时间，该条件可表述为：$\left(\dfrac{U_L}{U_C}\right)<w$。当工资率不变、非劳动收入增加时，预算约束线由 AB 平行移动到 MN，新均衡点为 E' 点。与之前相比，劳动者的闲暇时间增加了，而劳动时间减少了。对初始收入水平做比较静态分析，非务农收入的增加强化了劳动者对闲暇的需求，减少了务农时间 $\left(\dfrac{\partial l}{\partial M_0}<0\right)$，从而减少总务农劳动时间 $\dfrac{\partial L}{\partial M_0}<0$，进而得到 $\dfrac{\partial P}{\partial M_0}>0$。

以上模型分析建立在劳动者同质、具有相同效用函数的假定之上，这表

---

① Holtz-Eakin, D., Joulfaian, D., Rosen,H. S., "The Carnegie Conjecture: Some Empirical Evidence", *The Quarterly Journal of Economics* 108 (2), 1993.

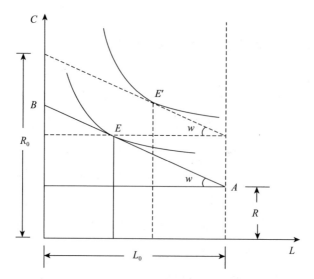

图 5 - 1　非务农劳动收入与劳动时间

明对闲暇和消费的偏好完全相同，并且获得的非劳动收入也完全相同。在异质劳动者假定下，非劳动收入变动导致劳动供给决策会有所不同（见图 5 - 1）。对于一些保留工资较高的劳动者而言，随着非劳动收入的增加，他们可能会退出劳动力市场，而继续留在劳动力市场的劳动者也会由于非劳动收入的增加而减少务农劳动的供给数量，总务农劳动时间减少（见图 5 - 2）。

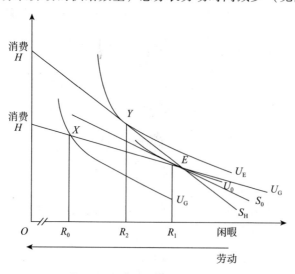

图 5 - 2　保留工资与劳动供给

E 点仍然假定为劳动者初始要素禀赋，S_0 对应的工资率为劳动者的保留工资 w_0。如果工资低于保留工资，例如约束线到达 S_G，此时劳动者如果按均衡条件选择劳动供给量，效用将低于劳动供给数量为零的效用水平，不工作比工作更划算。现在如果劳动者的非劳动收入增加，意味着 E 点所对应的初始禀赋水平增加，导致劳动者的保留工资增加到 w_1，如果 $w_0 < w < w_1$，会有一部分务农劳动者退出劳动市场，从而减少务农劳动的供给数量。

二 惠农政策

（一）农村税费改革

中国是个传统农业大国，农业税历史悠久，从春秋时期鲁国的初税亩算起，农业税已有 2600 年的历史。1949 年之后中国农业赋税大体上可以分为三类：税收、收费和劳务。税收又包括农业税、牧业税、农业特产税、耕地占用税、契税和屠宰税。收费包括集体收费、政府收费和各种"三乱"①。税费改革之前，农村各种税费是造成农民负担的主要来源，也是农民收入增长缓慢的重要原因之一（见表 5-1）。1990 年至 2000 年，农民常规负担总额自 421 亿元增加到 2085 亿元，年均增长率为 17.3%。

表 5-1 部分年份农民负担构成

年份	农业各税（亿元）	三提五统①（亿元）	其他社会负担（亿元）	总额（亿元）	人均（元）	人均合计占上年人均纯收入的比重（%）
1993	125.74	379.9	148.19	653.83	76.77	30.8
1997	397.48	702.96	587.93	1688.37	194.88	21.5

———————

① "三乱"是指对农民的乱收费、乱集资和乱罚款，这类收费给农民造成的负担称为非常规负担。

续表

年份	农业各税（亿元）	三提五统①（亿元）	其他社会负担（亿元）	总额（亿元）	人均（元）	人均合计占上年人均纯收入的比重（%）
1999	423.5	669.53	165.03	1258.06	144.58	18.7

注：①"三提五统"是指乡村集体经济组织内的提留、乡统筹、劳务以及各种社会集资、摊派和行政事业性收费、罚款，村提留、乡统筹两项费用一般列入农民与集体经济组织签订的农业合同内，通常称为合同内负担。

资料来源："其他社会负担"数据源于农业部和国家税务总局的有关调查数据，其余数据源于《中国农村统计年鉴》。

进入 21 世纪，为降低农民负担，国家开始进行农村税费改革，大致可以分为两个时期：第一个时期为 2000 年至 2003 年，税费改革从试点到全面展开，主要目的在于规范农村税费制度、减轻并稳定农民负担；第二个时期为 2004 年至 2006 年，农村税费改革的目标转向为逐步降低直至取消农业税、推进农村综合改革试点，这一时期为深化改革的阶段。2000年，中央政府批准安徽作为试点单位进行农村税费改革，并安排相应财政资金对该省进行补助，到 2003 年，全国全面推开农村税费改革，中央财政安排的转移支付资金总额增加到 305 亿元。2004 年，国家开始进行减免农业税试点，在全国 6 个省份和其他省份 274 个县免征和基本免征农业税及其附加，免征地区受益农民 1.5 亿人，人均减负约 46 元。2005 年，国家进一步扩大农业税免征范围，加大农业税减征力度，592 个国家扶贫重点县实行免征农业税，其他地区进一步降低农业税税率，至 2006 年中国全面取消农业税，结束了 2600 年的农业税征收历史。农业税费改革从清费正税发展到彻底取消农业税，明显减轻了农民负担（见表 5-2）。

表 5-2 农村税费改革及取消农业税后农民减负情况

单位：亿元

项目	1999 年	2003 年	2004 年	2005 年	2006 年与 1999 年相比减负总额
农业税及附加	190	423	225	15	-190

续表

项目	1999 年	2003 年	2004 年	2005 年	2006 年与 1999 年相比减负总额
农业特产税及附加	116	68	0	0	−116
屠宰税	30	0	0	0	−30
三提五统	620	0	0	0	−620
农村教育集资	36	0	0	0	−36
一事一议筹资	0	24	24	30	50
两工以资代劳	58	18	18	10	−58
清理政府性收费基金	200	0	0	0	−200
其他社会负担	200	173	168	150	−50
合计	1450	706	435	205	−1250

资料来源：国务院农村税费改革工作小组办公室。

（二）农村教育改革

　　1985 年以前，中国教育财政体制主要是单一的国家供给制，无论义务教育还是非义务教育，由私人分担的比重都不大。自 1985 年开始，中国基础教育实施财政分权改革，基础教育投资责任层层下放，农村地区教育筹资负担加重，特别是非义务教育收费制度改革提高了教育收费标准，使家庭分担教育成本的比例不断上升。1985 年，《中共中央关于教育体制改革的决定》明确提出"把发展基础教育的责任交给地方"，以及"实行基础教育由地方负责、分级管理的原则"，乡镇负担大部分义务教育经费，这很大一部分源于对农村居民征收的教育费附加及其他各种附加税，农民负担加重。2002 年之后，为配合国家农村税费改革，部分省份开始试点改变农村教育经费投入方式，取消乡、村两级教育投入责任，教育经费来自三个方面：县级财政投入的财政经费、中央和省级财政的专项转移支付以及学杂费收入。从统计数据来看，2003 年全国征收的农村教育附加总额为 446253.1 万元，2006 年为 159174.6 万元，至 2007 年，我国所有省份均取消了农村教育附加费，逐步实行农村义务教育免费制度。2006 年，西部地区农村义务教育阶段中小学生全部免除学杂费，2007 年，中部地区和东部地区农村义务教育阶段中小学全部免除学杂费，至此全国农村基本实现了免费义务教育，切实减轻了农民负担。

（三）新型农村合作医疗改革

合作医疗是中国农村基本医疗保障之一，20 世纪六七十年代，合作医疗惠及了中国大多数农村居民，被世界卫生组织和世界银行誉为"以最少投入获得了最大收益"的"中国模式"[1]。然而，改革开放之后，依托于农村集体经济的原有高效率农村合作医疗随之瓦解。1989 年全国实行合作医疗的行政村比例下降到 4.8%，自费医疗成为农村居民主导性医疗制度[2]，到 1998 年，全国仅有 13% 的农村居民为合作医疗所覆盖（见图 5 - 3）。医疗支出是中国农村家庭的主要负担之一，在没有实行新农村医疗改革之前，农村家庭大部分医疗费用都由自己承担（见表 5 - 3），20 世纪 90 年代，由村民自己支付的医疗费用比例达到了 90%[3]，很多农村家庭因为支付不起昂贵的医疗费用而放弃治疗。据 2002 年世界卫生组织公布的数据，我国卫生分配公平性在全世界 191 个国家中居 188 位，处倒数第 4 位，农村居民绝大多数没有医疗保障。2003 年全国第三次卫生服务调查显示，38.6% 的农民因为经济困难应诊而未就诊，75.4% 的农民因为经济困难应住院而未住院（数据源于卫生部统计信息中心），国务院发展研究中心 2003 年对全国 118 个村的医疗卫生状况调查表明，疾病成为农民贫困的主要原因之一[4]。

---

① 世界银行：《1993 年世界发展报告：投资于健康》，中国财政经济出版社，1993。
② 周寿祺：《卫生服务能否市场化》，《中国卫生经济》1994 年第 5 期。
③ 李卫平等：《我国农村卫生保健的历史、现状与问题》，《管理世界》2003 第 4 期。
④ 韩俊等：《中国农村医疗卫生状况报告》，《中国发展观察》2005 年第 1 期；刘远立等：《因病致贫与农村健康保障》，《中国卫生经济》2002 年第 5 期。

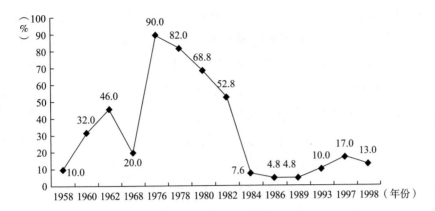

图 5 - 3 1958 年至 1998 年农村合作医疗覆盖面（村庄）

注：1978～1989 年的数据包含有其他减免医疗费用形式，因其比重很小，可以忽略不计。

资料来源：1958～1976 年的数据来自周寿祺①，1978～1989 年的数据源于卫生统计年报资料；1993 年和 1998 年的数据来自 1998 年国家卫生服务总调查分析报告，1997 年数据来自马振江②。

表 5 - 3 1991～1998 年农村卫生费用构成

	1991 年	1992 年	1993 年	1994 年	1995 年	1996 年	1997 年	1998 年
农村卫生总费用（亿元）	299.69	368.94	455.57	585.53	804.42	1064.9	1270.4	1348.3
政府农村卫生投入（亿元）	37.57	42.94	46.23	60.3	66.8	74.66	81.49	86.1
占农村卫生费用比重（%）	12.54	11.64	10.15	10.3	8.3	7.01	6.41	6.39
社会农村卫生投入（亿元）	20.18	23.45	25.11	30.56	43.8	49.04	52.85	55.38
占农村卫生费用比重（%）	6.73	6.36	5.51	5.22	5.45	4.6	4.16	4.11
个人农村卫生投入（亿元）	241.94	302.55	384.22	494.68	693.82	941.21	1136	1206.8
占农村卫生费用比重（%）	80.73	82.01	84.34	84.48	86.25	88.38	89.42	89.51

资料来源：卫生部卫生经济研究所测算数据。

为防止农民因病致贫和因病返贫的现象再次出现，2003 年国务院办公厅转发卫生部等部门《关于建立新型农村合作医疗制度意见的通知》，开始在

---

① 周寿祺：《卫生服务能否市场化》，《中国卫生经济》1994 年第 5 期。

② 马振江：《试论有中国特色的农村初级卫生保健体系》，《中国卫生经济》2000 年第 5 期。

全国 300 多个县（县级市）试点，实施新一轮的农村合作医疗保险制度，即实行个人缴费、集体扶持和政府资助相结合的筹资机制，并提出了到 2010 年在全国普及的目标。2008 年新农合制度基本实现了我国农村地区的全面覆盖，全国 2729 个县建立了新农合制度，占全国之比为 95.32%，参加新农合人口数量为 8.15 亿人，参合率为 91.53%，到 2010 年底，参合人口数达到 8.36 亿人，参合率为 96%，筹资水平从人均 30 元起步，经过多次较大幅度提高后，2016 年达到了人均筹资 559.00 元（见表 5-4）。在新型农村合作医疗制度建立的过程中，中央财政和地方财政补助之和在总筹资中所在比例逐年上升，2004 年、2006 年和 2008 年，该比例分别为 53.37%、70.45% 和 83.57%，农民个人在总筹资中的比例最后下降到了 15.38%。

表 5-4 2004~2016 年全国新农合开展情况

年份	开展新农合县区（个）	参合人数（亿人）	参合率（%）	人均筹资（元）	当年基金支出（亿元）	补偿收益人次（亿人次）
2004	333	0.80	75.20	46.30*	26.37	0.76
2005	678	1.79	75.66	42.10	61.75	1.22
2006	1451	4.10	80.66	52.10	155.81	2.72
2007	2451	7.26	86.20	58.90	346.63	4.53
2008	2729	8.15	91.53	96.30	662.31	5.85
2009	2716	8.33	94.19	113.36	922.92	7.59
2010	–	8.36	96.00	156.57	1187.84	10.87
2011	–	8.32	97.48	246.21	1710.19	13.15
2012	–	8.05	98.26	308.50	2408.00	17.45
2013	–	8.02	98.70	370.59	2909.20	19.42
2014	–	7.36	98.90	410.89	2890.40	16.52
2015	–	6.70	98.80	490.30	2933.41	16.53
2016	–	2.75	99.36	559.00	1363.64	6.57

注：* 表示根据卫生部《新型农村合作医疗信息统计手册》计算而得。

资料来源：卫生部 2005~2016 年《中国卫生统计年鉴》。

(四) 农业直接补贴

由于农业在国民经济中的特殊地位，当今世界很多国家和地区为保护农业发展，都采取了一系列惠农政策和农业补贴政策，这可以鼓励当地增加农业投入，改善农业生产条件，但也会增加当地政府财政负担，甚至扭曲农产品交易。对于农业补贴的具体内容，各国家和地区出于本国利益的考虑，各有不同。1994 年，乌拉圭回合多边贸易谈判对农业补贴做了统一界定，由此确定了农业补贴包含的各项具体措施。各个国家都把农业补贴视为农业政策的核心，并且将补贴政策看作支持和保护本国农业最直接和最有效的方式，在发达国家，农业补贴政策已经持续很长时间，对本国农业发展起到了不可忽略的作用。但与此同时，每个国家所采取的具体补贴方式存在很大差异，比如，在农业比较发达的美国，20 世纪 30 年代之前，政府只通过改善农业基础设施来促进农业发展，而 30 年代至 90 年代中期，政府通过制定相关法律，农业补贴政策主要采取价格补贴方式，如实行农产品加工许可制度、提供农产品出口补贴、实施农作物保险计划等，2000 年之后，美国政府在财政条件允许的情况下逐渐同时使用收入补贴和价格补贴两种工具，并逐步扩大农业补贴的额度和范围。

1949 年之后，我国农业补贴政策大致可以分为三个阶段，不同阶段补贴方式不同。第一个阶段为 1949 年至改革开放前，是我国农业补贴制度的萌芽阶段，国家通过实行低价收购和低价销售为主要特征的产品统购统销制度，以保证农业剩余能有效地从农业部门转移到工业部门，实际上这一时期真正得到补贴的是城镇居民。从补贴措施来看，20 世纪 50 年代末期，农业补贴以"机耕定额亏损补贴"形式出现，之后逐渐扩展到农用生产资料价格补贴、农业生产用电补贴以及贷款贴息补贴等方面。改革开放之后至 21 世纪初，是我国农业补贴的第二个时期，国家逐步调整农产品统购统销政策，提高农产品收购价格，同时也通过增加财政投入以支持农业设施建设。从 20 世纪 90 年代初期开始，国家除继续大幅度提高粮食收购价格外，补贴方式逐渐由收购价格补贴转变为以国家储备粮补贴和粮食风险基金为主要内容的农业补贴制度。

加入世贸组织之后，中国政府加大了农业补贴投入的力度，以提高农民收入水平，缩小城乡收入差距。2004 年 2 月，中央一号文件的颁布是我国农业补贴制度发生重大改变的开端。各省份逐步取消各项农业税，同时推行种粮直接补贴、良种补贴、大型农机具购置补贴以及农资综合补贴等政策。本书以向农民支付补贴的方式作为依据，可以将农业补贴政策分为间接补贴和直接补贴，间接补贴是指农民只能间接受益的农业补贴政策，如向流通领域提供补贴，以及农业基础设施建设等，而直接补贴是指国家根据某种事先制定的标准，直接对农民进行转移支付。以粮食直接补贴为例，2003 年，粮食直接补贴在 2002 年试点的基础上向 13 个粮食主产区展开，2004 年，该项补贴在全国推行。各种农业补贴直接增加了农民的收入，能否提高农民的生产积极性则取决于采取哪种农业补贴方式，与农业产量直接挂钩的补贴方式对农业生产的作用可能更大。粮食直接补贴方式可归纳为四种：安徽模式、吉林模式、河南模式、湖北模式（见表 5 - 5）。前两种补贴模式不与农业产量挂钩，属于"脱钩"补贴方式，补贴标准不与农民生产和交售的粮食数量挂钩，这表明拥有土地但不进行生产的农民也可以得到补贴，实际上相当于其他国家实行的收入补贴，不利于调动农民的种粮积极性，对鼓励农业生产的作用不大；河南模式属于半挂钩补贴，湖北模式属于直接挂钩补贴，这两种补贴方式在一定程度上能增加务农劳动者的生产积极性，提高农业产量。

表 5 - 5　农业补贴模式和补贴标准

模式类型	补贴标准	单位补贴金额	补贴属性
安徽模式	农业税应税面积	11.48 元/亩	脱钩补贴
湖北模式	粮食交售量	0.06 元/公斤	直接挂钩补贴
河南模式	粮食定购和农业税款综合核算	12.3 元/亩	半挂钩补贴
吉林模式	试点作物常产	0.09 元/公斤	脱钩补贴

资料来源：张秀青：《我国农业直接收入补贴改革研究》。

2004 年，全国对种粮农民实行直接补贴，资金总额达 116 亿元，2005 年粮食直补金额达到 132 亿元，2007 年中央和地方两级财政对粮食、农资、良机和农机四项补贴总额为 513.6 元，2008 为 1030.4 亿元，2009 年达到 1274.5 亿元。以 2010 年为例，中央财政安排"三农"支出 8579.7 亿元，其中四项补贴资金总和为 1226 亿元，比 2009 年增加 30 亿元，良种补贴首次超过 200 亿元，达到 204 亿元，补贴范围继续扩大，补贴品种增加；农机具购置补贴 155 亿元，补贴标准维持购机价格的 30%；种粮直接补贴 151 亿元，农资综合补贴 716 亿元。

三　其他证据与研究结论

徐翠萍等的分析结果表明农村税费改革对农户收入具有显著的正效应，平均使农户人均纯收入提高了 6.82%，粮食直补则直接增加了农民的收入[1]。王震认为包括税费减免、种粮直补和新农合参合补贴在内的新农村建设不仅总体上提高了农民的收入，而且改善了收入不平等状况[2]。教育和医疗两大支出是农村居民重要的非生产性支出，国家惠农政策的实施，很大程度上降低了农民在这两个方面的经济负担，增加了农民收入。以医疗费用支出为例，从 2002 年开始，各省份开始新一轮的农村合作医疗制度改革，并逐年提高报销比例[3]。

2012 年，中央财政安排"三农"支出 12387.64 亿元，比 2011 年增长 18%（见图 5-4），支持农业生产支出 4785.05 亿元，占 38.6%；对农民的粮食直补、农资综合补贴、良种补贴、农机购置补贴支出 1643 亿元，占 13.3%；促进农村教育、卫生等社会事业发展支出 5339.09 亿元，占

---

① 徐翠萍等：《税费改革对农户收入增长的影响：实证与解释——以长三角 15 村跟踪观察农户为例》，《中国农村经济》2009 年第 2 期。

② 王震：《新农村建设的收入再分配效应》，《经济研究》2010 年第 6 期。

③ 《关于进一步加强农村卫生工作的决定》。

43.1%；农产品储备费用和利息等支出 620.5 亿元，占 5%[①]。

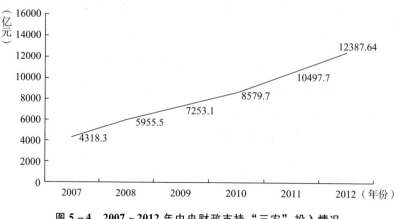

图 5 - 4　2007～2012 年中央财政支持"三农"投入情况

从 2004 年发布中央一号文件开始，逐步提高农民收入成为中央政策的重要内容，国家明确提出强化对农业支持保护，力争实现农民收入较快增长。国家从税费改革、农业补贴、教育改革及医疗改革等各角度降低农民负担，提高农民收入水平。在税费改革之前，我国农民除了要承担每年大约 400 亿的税收之外，还要拿出 600 亿元承担农村的义务教育，以及其他不合理摊派费用[②]，之后我国加大了农村教育改革力度，逐步减少并最终取消农村教育附加，改变了农村基础教育的财政投入方式。截至 2005 年 3 月，全国已有 26 个省份决定免征农业税，2006 年全国所有省份都取消了农业税，农村税费改革和一系列惠农政策，大大降低了农民负担，随着各种补贴力度提高，务农劳动者的非务农收入相应增加，提高了务农劳动的保留工资，降低了务农劳动力时间，甚至使得一部分余留工资较高的农村劳动力不参与务农劳动，降低总体实际务农劳动时间，这间接成为推动农产品价格上涨的一个外生因素，这与中国农产品价格在 2007 年及 2008 年大幅上涨的特征一致。

---

① http://www.mof.gov.cn/zhuantihuigu/czjbqk1/czzc/201405/t20140507_1076149.htm。

② 改革发展研究院：《中国农村改革路线图》，世界知识出版社，2010。

第六章 农村劳动力转移、非农收入与
农业要素投入结构
——基于区域差异视角的实证研究

在农村劳动力转移规模持续扩大的背景下，我国农业生产方式和要素投入结构逐渐改变。本章从非农收入的角度，分析了其对农业要素投入的影响机制和效果，利用似无相关估计方法，基于 2000 年至 2013 年省级面板数据进行经验研究。研究结果表明非农收入提高有利于三种非劳动力农业要素投入的增加，在考虑了经济发展水平和种植结构的区域异质性因素之后，非农收入对非劳动力农业要素投入的影响呈现了显著的区域差异。

一 引言

在中国长久的农业发展历史中，由于人多地少的资源禀赋特征，劳动力是农业生产中最主要的投入要素[①]。改革开放之后，随着国家对劳动力流动管制的放松和非农部门的扩张，农村剩余劳动力大量向城市转移，尤其在 2000 年之后，从事农业生产的相对收益较低，农民从事农业劳动的意愿明显下降，劳动力转移的规模持续扩大，并且出现了青壮年和受教育程度高的人群占总转移人口较大比例的特点，给农业生产带来冲击，"刘

---

① 黄宗智：《中国的隐性农业革命》，法律出版社，2010。

易斯拐点"效应逐渐显现①。在此背景下，以劳动力为主的传统农业生产方式随之发生变化，劳动力节约型和土地节约型的资本要素以及中间要素投入量显著增加。以三种粮食平均生产费用为例，在每亩土地的直接费用中，2003 年化肥费为 57.93 元，农药费为 9.22 元，机械作业费为 24.09元，到 2014 年这三项的费用分别为 132.42 元、27.56 元和 134.08 元，涨幅明显（见图 6-1）。

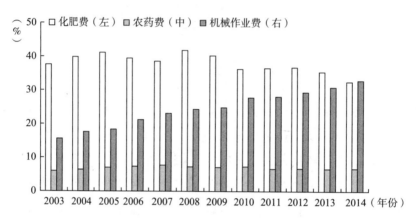

图 6-1 三种粮食平均费用占比

资料来源：根据《全国农产品成本收益资料汇编》相关数据计算得到。

我国农村土地实行家庭联产承包责任制，以家庭为单位按人口数量获得生产经营土地。改革开放之后，大多数农户从事兼业化生产，农民在外出务工获得非农收入的同时，并未放弃农业生产，务农和务工人数是家庭内部分工的结果②。当前，农户仍然是我国农业中最主要的生产经营主体，家庭内部成员分工相互影响，从非农部门得到的收入对农业要素投入结构带来显著影响，这是工业反哺农业的具体方式之一，也是受资源禀赋及其他条件约束下农业技术进步偏向的体现。

中国为典型的农业资源稀缺国家，在农村劳动力转移的背景下，如何

---

① 蔡昉：《破解农村剩余劳动力之谜》，《中国人口科学》2007 年第 2 期；盖庆恩等：《劳动力转移对中国农业生产的影响》，《经济学（季刊）》2014 年第 3 期。

② 向国成等：《农户兼业化：基于分工视角的分析》，《中国农村经济》2005 年第 8 期。

通过优化农业要素投入结构，保障农产品供给和粮食安全，是学术界关注的重要问题，也是农业供给侧改革的诉求。农业要素投入结构内生于经济发展水平和资源禀赋条件，同时也与农业政策干预有密切联系。了解农户的生产决策机制是政府对农业生产进行有效干预的前提，本章在劳动力转移规模持续扩大和"刘易斯拐点"效应逐渐显现的背景下，研究了非农收入对农业要素投入结构的影响，旨在剖析农户家庭成员分工和收入构成如何影响农业要素投入，并基于省级面板数据对理论研究假说进行验证，为政府政策调适提供经验支撑。

二　文献综述

要素需求为派生性需求，影响农业要素投入的因素非常丰富，如农产品价格、要素流动性、要素替代性、要素价格以及农业种植结构等。不同的农业资源禀赋，往往也会导致要素投入结构和农业生产方式演变路径的差异，日本属于地少人多的国家，以节约土地为主的农业要素投入和农业技术进步是日本农业的主要特征，而人少地多的美国，土地资源丰富，劳动力工资昂贵，劳动力节约型农业机械投入增长最快，农业技术进步也以节约劳动力为主[1]。

农村剩余劳动力转移是伴随我国经济发展最显著的特征之一，已有研究大多基于此背景分析我国农业要素投入结构的演变和影响因素，尤其是在东部地区出现"民工荒"和工资成本显著上涨之后，劳动力的大规模转移导致实际务农劳动人数锐减，农业机械、化肥、农药等农业资本投入比例不断增加[2]，其他农业要素对劳动力和土地等传统要素的替代，促进了

---

[1] Hayami, Y., Ruttan, V. W., "Factor Prices and Technical Change in Agricultural Development: The United States and Japan, 1880-1960", *Journal of Political Economy* 78 (5), 1970.

[2] 魏金义等：《中国农业要素禀赋结构的时空异质性分析》，《中国人口·资源与环境》2015 年第 7 期；史常亮等：《劳动力转移、化肥过度使用与面源污染》，《中国农业大学学报》2016 年第 5 期。

中国农业由劳动密集型和土地密集型向物质密集型的转变①。但是，受农地地形地貌条件和种植结构的影响，加上原油价格上涨，农业机械对劳动力的替代受到限制，劳动力在农业生产中仍然发挥着重要作用②，叶明华等发现虽然农业机械和农田灌溉面积在山东省粮食产量增长中的贡献率上升，但劳动力等传统要素仍然是促进粮食增产的主要原因③。为提高农民收入、促进农业生产方式转型，农村税费改革之后，中央政府和各级地方政府不同程度地加大了支农惠农力度，显著影响了农业要素的投入结构。包括农业税减免、农业补贴在内的农业政策，不仅减轻了农民负担，提高了农业生产的积极性，而且直接激励农业机械、化肥等要素投入的增加，有利于粮食种植面积的扩大④，对于以农业收入为主的贫困地区而言，惠农政策的激励作用更大⑤。然而，工业部门和农业部门巨大的收益差异，以及补贴方式和补贴制度的不完善有可能会降低农业政策的正向影响⑥。中国幅员辽阔，农业生产条件和农产品种植结构存在巨大的区域差异，使得劳动力转移情况类似的省份可能会引发不同的要素投入结构变化。应瑞瑶等发现经济发展水平和地理位置相近的江苏、浙江两省在劳动力转移之后粮食生产方式呈现了完全不同的变化⑦。另外，要素密集度不同的农产

① 郭剑雄等：《人口生产转型、要素结构升级与中国现代农业成长》，《南开学报》2013 年第 6 期。
② 马凯等：《粮食生产中农业机械与劳动力的替代弹性分析》，《农机化研究》2011 年第 8 期。
③ 叶明华等：《要素投入、气候变化与粮食生产——基于双函数模型》，《农业技术经济》2015 年第 11 期。
④ 顾和军等：《农业税减免政策对农民要素投入行为的影响——基于江苏省句容市的实证研究》，《农业技术经济》2008 年第 3 期。
⑤ 王欧等：《农业补贴对中国农户粮食生产的影响》，《中国农村经济》2014 年第 5 期；Yu, W., Jensen, H. G., "China's Agricultural Policy Transition: Impacts of Recent Reforms and Future Scenarios", *Journal of Agricultural Economics* 61（2），2010；陈飞等：《农业政策、粮食产量与粮食生产调整能力》，《经济研究》2010 年第 11 期。
⑥ 黄少安等：《农地制度对生产技术的选择效应——对承包经营农户技术选择偏好的经济分析》，《制度经济学研究》2006 年第 4 期；钟春平等：《结构变迁、要素相对价格及农户行为——农业补贴的理论模型与微观经验证据》，《金融研究》2013 年第 5 期。
⑦ 应瑞瑶等：《资源禀赋、要素替代与农业生产经营方式转型——以苏浙粮食生产为例》，《农业经济问题》2013 年第 12 期。

品，劳动力转移引致的要素替代演变路径不尽相同[1]。已有研究肯定了农村劳动力转移是引致其他农业要素投入增加的根本动因，也肯定了劳动力在农业生产中的投入量显著下降，但关于其他农业要素对劳动力的替代弹性的观点有所不同。大多数已有研究将补贴政策、禀赋条件等外生变量视为农业要素投入结构转变的直接诱因，本章的创新之处在于基于家庭内部要素配置视角，将非农收入作为核心变量，分析其对农业要素投入结构的影响机制和实际效果，并从经济发展水平和农产品种植结构两个视角考查该影响的区域差异。

三　理论研究假说和实证分析

（一）非农收入影响农业要素投入的理论分析

刘易斯的二元经济理论以及费景汉－拉尼斯模型、托达罗模型主要是对劳动力转移的动因的解释，在刘易斯的经济模型中，假定剩余劳动力的边际产出为零，劳动力转移对农业生产的影响可以忽略不计[2]。当劳动力转移越过"刘易斯拐点"之后，其对农业生产的影响才逐渐显现。新劳动力转移经济学（NELM）将农户看作决策主体，认为劳动力转移虽然降低了从事农业劳动的人力资本水平，但带来的务工收入会通过汇款等方式改变所在家庭的资金约束和风险态度，这有助于家庭采纳新技术，完善要素投入结构，提高农业生产效率[3]。本章以 NELM 作为理论分析的基准，农

---

[1]　胡瑞法等：《农业生产投入要素结构变化与农业技术发展方向》，《中国农村观察》2001 年第 6 期；钱文荣等：《劳动力外出务工对农户水稻生产的影响》，《中国人口科学》2010 年第 5 期。

[2]　Lewis, W. A., "Economic Development with Unlimited Supplies of Labor", *The Manchester School* 22 (2), 1954.

[3]　Stark, O., Bloom, D. E., "The New Economics of Labor Migration", *The American Economic Review* 75 (2), 1985.

户生产决策模型借鉴 Mundlak 的分析[1]，生产函数如下：

$$Y = F(K, L_1, N) = AK^{\alpha} L_1^{\beta} N^{\gamma} e^{m_0}$$

上式中，Y 为农业产出，A 为农业生产技术，K 为非劳动力农业要素投入，L_1 为农户配置在农业中的劳动数量，N 为家庭耕种的土地面积，m_0 为家庭特征变量，目标函数为：

$$\max_{K, L_1, L_2, N} \pi(K, L_1, L_2, N) = p_0 Y - p_1 K + wL_2 - p_2 N$$

L_2 为家庭在非农部门的劳动数量，wL_2 为家庭非农收入，p_0 为农业产出价格，p_1 为 K 的价格，p_2 为土地租赁价格。均衡条件下，K 的投入量为：

$$K^* = \varphi^2(P_0, P_1, w, p_2, N, L_1, m_0)$$

对农业要素投入 K^* 做比较静态分析，在满足严格假定条件下，容易推导出：$\frac{\partial K^*}{\partial w} > 0$，即非农收入增加有利于农业要素 K^* 投入增加。

在我国农村，普通农户大多处于兼业化生产经营形态，劳动力转移并没有使农户完全退出农业生产。在此背景下，本章认为非农收入对农业要素投入的影响主要源于三方面。首先，土地在农村居民的保障体系中仍然发挥着重要作用，农民不会完全放弃农业生产。由于户籍制度的限制，农村劳动力或家庭很难实现完全转移，不能享受与城市居民同等的公共服务和社会福利，务工农民也很难得到来自企业提供的保障措施，要承受包括失业在内的一系列风险。相关数据显示，2015 年没有劳动合同的农民工占比 63.8%，相比 2014 年有所上升[2]。近年来，随着居民收入水平的提高和社会保障体系的完善，土地的保障功能有所下降，然而，包括医疗保险、

[1] Mundlak, Y., "Production Function Estimation: Reviving the Primal", *Econometrica* 64 (2), 1996.

[2] 国家统计局：《2015 年农民工监测调查报告》，http://www.stats.gov.cn。

养老保险在内的农村各种社会保障制度还有待完善①。对于大多数农民而言，在均分化的土地配置方式下，土地仍具有较强的保障功能，即便户籍制度改革降低了转移劳动力市民化的门槛，如果其他保障方式没有提高农村居民的风险承受能力，他们将维持兼业化的经营形态，罗必良等甚至发现土地替代型的社会保障并不能强化土地经营权退出意愿②。其次，对于存在劳动力转移的农户，土地流转还不是最有效的土地利用方式，自己耕种仍然是主流。劳动力转移人数较多、转移距离较远的农户，可以将土地进行流转，获得土地租金或其他收入，但是土地能否顺利流转取决于流转市场的有效性和制度是否完善。我国土地流转市场发育较慢，当前土地流转制度还处于不断修订和完善过程中，如果土地租赁或其他流转形式导致了对土地的掠夺性经营，以及维护土地流转契约所需支付的成本过高，对于农户而言，流转土地并不是最有效率的利用方式，这解释了很长时间内全国土地平均流转率仍然较低以及主要发生在流转市场相对成熟的东部地区的现实。最后，近年来农产品价格上涨提高了农业生产的相对收益，有利于提高农户从事农业生产的积极性，增加非劳动力农业要素投入。一些研究认为农村劳动力转移导致了大多数农户对土地进行粗放式经营或直接撂荒，将农业生产副业化③。然而，劳动力转移并不必然导致土地粗放式经营，导致粗放经营或撂荒的直接原因在于农业生产相对收益下降，农业要素投入无法获得对等收益。换言之，如果农产品价格上涨，并超过农业要素价格上涨，就会提升农业生产的回报率，这时即便劳动力转移减少了劳动力要素投入，基于家庭效用最大化的决策机制也会激励农户将非农收入用于改善农业生产条件，弥补劳动力转

① 杨斌等：《1978 年以来中国农村社会保障制度的发展及评价——基于"三体系"的分析框架》，《山东社会科学》2014 年第 4 期。

② 罗必良等：《土地承包经营权：农户退出意愿及其影响因素分析——基于广东省的农户问卷》，《中国农村经济》2012 年第 6 期。

③ 何秀荣：《公司农场：中国农业微观组织的未来选择?》，《中国农村经济》2009 年第 11 期；张良悦等：《农村劳动力转移与土地保障权转让及土地的有效利用》，《中国人口科学》2008 年第 2 期。

移带来的要素损失。

基于以上分析，本章认为：土地在农村居民保障体系中仍然发挥着重要作用，随着农产品价格的持续上涨，农业生产相对收益提升强化了农户从事农业生产经营意愿，为最大化家庭收益，存在劳动力转移的农户将会利用非农收入改善农业要素投入结构，弥补务农劳动力人数下降和结构恶化的不足，提高家庭资源在农业部门和非农部门的配置效率，因此，非农收入有利于促进其他非劳动力农业要素投入数量的增加。

（二）经验实证分析

近年来，农村劳动力转移规模持续扩大，国家统计局发布的相关数据显示，2015 年农民工总量为 27747 万人，比 2014 年增加 352 万人，增长 1.3%，农村青壮年劳动力占转移劳动力总人数的比例较高。2011～2015年，21～30 岁的农民工占比最大，21～50 岁的农民工占总农民工人数接近 80%[①]，劳动力转移不仅减少了农业劳动力数量，而且恶化了实际务农劳动力的结构，降低了人力资本水平。基于此背景，本章利用省级面板数据实证研究非农收入对农业要素投入的影响。

1. 变量选择与数据来源

劳动力转移带来的工资性收入构成了农村家庭非农收入的主要部分，占比在 80% 左右。除此之外，非农收入还包括财产性收入和转移性收入，与工资性收入一起改变了农户的资金约束和风险承受能力，影响到农户的农业要素投入。书中非农收入数据同时包含了上述三部分，是本章关注的核心解释变量（income）。在近年来的农业要素投入结构调整中，变化最显著的是农业机械总动力，其在生产成本中的占比明显上升，与此有类似趋势的还有化肥施用量和农药使用量。本章的被解释变量包括三个：农业

---

① 国家统计局：《2015 年农民工监测调查报告》，http://www.stats.gov.cn。

机械总动力（*machine*）、化肥施用量（*fertilizer*）和农药使用量（*pesticides*）。变量描述性统计结果参见表 6 - 1，数据显示随着时间的推移，非农收入显著增加，农业机械、化肥和农药三种要素的投入量呈上升趋势，与非农收入表现出较强的相关性。

表 6 - 1　变量描述性统计分析结果

年份	income（元）			machine（万千瓦）			fertilizer（万吨）			pesticides（万吨）		
	均值	最小值	最大值	均值	最小值	最大值	均值	最小值	最大值	均值	最小值	最大值
2000	773.24	166.75	2335.75	1900.89	200.9	7025.2	151.5	7.2	423.2	4.66	0.16	14.03
2001	847.52	168.4	2582.43	1996.91	212.2	7689.6	155.47	7.2	441.7	4.66	0.17	14.5
2002	936.75	199.25	2865.02	2098.61	210.2	8155.6	158.74	7.2	468.8	4.79	0.16	16.37
2003	1023.03	231.17	3056.94	2189.83	221.6	8336.7	161.5	6.9	467.9	4.85	0.16	17.09
2004	1126.52	274.57	3410.91	2325.3	243.9	8751.9	169.64	6.6	493.2	5.08	0.18	15.39
2005	1313.47	341.39	3870.55	2485.96	268.2	9199.3	174.43	7	518.1	5.34	0.16	15.56
2006	1535.45	414.27	4250.54	2637.43	298.4	9555.3	180.72	7.3	543.9	5.63	0.19	17.13
2007	1804.08	557.31	4786.02	2787.3	328.5	9917.8	187.01	7.6	569.7	5.95	0.19	16.57
2008	2148.74	723.2	5495	2995.63	355.7	10350	191.88	8.1	601.7	6.13	0.2	17.35
2009	2417.94	813.52	6137.75	3191.55	388.7	11080.7	198.06	8	628.7	6.27	0.2	16.9
2010	2846.23	992.7	6995.43	3386.47	421.3	11629	203.93	8.8	655.2	6.45	0.21	16.49
2011	3524.27	1555	8088.93	3568.59	430.7	12098.3	209.23	8.3	673.7	6.56	0.2	16.48
2012	4139.1	2088.44	9260.56	3747.12	435	12419.9	214.25	9.3	684.4	6.64	0.18	16.2
2013	4847.45	2490.94	11347.42	3796.84	410.6	12739.8	216.97	9.8	696.4	6.62	0.2	15.84
Total	2091.7	166.75	11347.42	2793.46	200.9	12739.8	183.81	6.6	696.4	5.69	0.16	17.35

资料来源：《中国区域经济统计年鉴》和《中国农村统计年鉴》。

影响农业要素投入的因素很多，基于理论分析和已有相关研究，选择以下诸变量作为控制变量。

（1）人均国内生产总值（*gdp*）。经济发展水高的地区，政府财力更雄厚，对农业的扶持力度有可能更大。发达地区市场成熟，基础设施相对完善，为农业发展提供了良好的外部环境。

（2）务农劳动力人数（$labor$）[1]。务工工资的提高增加了务农劳动的机会成本，务农劳动人数持续减少。但是务农劳动人数减少并不必然带来其他要素投入量增加，这还取决于要素的相对价格和农产品价格变动。

（3）非农收入占农村居民家庭总收入比重（$pro1$）。非农收入的占比体现了农业生产经营活动对农村家庭的重要性，这可能影响农户对改善农业要素投入结构的态度。

（4）农业固定资产投资（$investment$）。农业固定资产投资决定了农业基础设施水平，基础设施的改善有利于降低生产成本，提高农业全要素生产率，激发农业生产的积极性，对要素投入产生显著影响[2]。

（5）农业财政支出（$finance$）。农村税费改革之后，中央政府和地方各级政府均加大了扶持农业发展的力度，支农惠农政策逐步加强，农业财政资金显著增加，对农业生产方式的变革或将产生显著影响。

（6）农业产值占地区国内生产总值比重（$pro2$）。各地产业结构存在差异，经济发展水平较高的东部省份第二产业和第三产业发展速度和对经济增长的贡献高于农业，也高于中西部地区。第二产业和第三产业的发展有助于当地农民获得更多就近的非农就业机会，对改进农业生产方式的态度产生影响。

（7）人力资本水平（$hcapital$）[3]。平均受教育年限的增加可以提高农村劳动者的人力资本水平，受教育水平更高的劳动力继续留在农村从事农

---

[1] 各类统计年鉴中并不存在完全准确的实际务农人数的数据，很多文献将第一产业就业人数作为务农劳动人数的替代变量，本章将实际务农劳动人数定义为：乡村就业总人数 - 在私营企业的就业人数 - 个体人数 - 在乡镇企业的就业人数。我们在其他的研究中也使用了该指标，结果较好。

[2] 曾福生等：《农业基础设施对粮食生产的成本节约效应估算——基于似无相关回归方法》，《中国农村经济》2015 年第 6 期。

[3] 人力资本计算方法：以每个阶段接受教育的人口占比为权重，将受教育年限进行加权平均，文盲 = 0，小学 = 6，初中 = 9，高中 = 12，大学及以上 = 16。

业劳动，有利于农业技术的引进和生产要素的合理使用。但是统计资料表明，受教育水平更高的农村劳动力往往优先转移到城市，对农业生产的影响可能是负向的[①]。

（8）自然风险（*risk*）。受自然条件约束，不同地区农业灾害的发生频率和程度不同，由此带来的农业生产风险有高有低。自然风险会影响到农民的生产决策，本章用成灾面积占总播种面积的比值来度量农业生产的自然风险。

为使数据更加平稳，对以上变量的原始数据均取其对数。农业机械总动力、化肥施用量、农药使用量、农业固定资产投资和农业财政支出均用总量数据除以农作物播种面积。本章数据为 2000 ~ 2013 年的省级面板数据，主要源于国家统计局统计数据库、《中国农村统计年鉴》、《中国区域经济统计年鉴》及《中国农村住户调查年鉴》等[②]。

2. 基准计量模型和实证结果

在回归分析中倘若存在多个方程，并且方程之间存在一定的联系，采用系统估计（System Estimation）可以提高参数估计效果[③]。考虑到农户在要素投入决策过程中，一些家庭和地区异质性因素以及书中未提及的控制变量对三种要素投入的影响可能存在相关性，本章利用似无相关回归分析模型，估计变量参数，标准模型为：

$$\begin{pmatrix} y_1 \\ y_2 \\ \vdots \\ y_3 \end{pmatrix} = \begin{pmatrix} X_1 & & & \\ & X_2 & & 0 \\ & 0 & \ddots & \\ & & & X_n \end{pmatrix} \begin{pmatrix} \beta_1 \\ \beta_2 \\ \vdots \\ \beta_n \end{pmatrix} + \begin{pmatrix} \varepsilon_1 \\ \varepsilon_2 \\ \vdots \\ \varepsilon_n \end{pmatrix} = X\beta + \varepsilon$$

单个方程的基准计量模型为：

[①] 2015 年的农民工监测调查报告显示初中文化程度占 59.7%，初中及以上文化程度占 84.9%。

[②] 由于数据不完整以及经济结构的特殊性，文中剔除了北京、天津、上海和西藏四个地区的数据。

[③] 陈强：《高级计量经济学及 Stata 应用》，高等教育出版社，2010。

$$\ln y_{it} = \alpha \ln income_{it} + \beta_k \sum_k x_{it}^k + u_i + \varepsilon_{it}$$

y 分别为农业机械总动力、化肥施用量和农药使用量，$income$ 为非农收入，x 为控制变量，不同回归方程的控制变量不完全相同。计量分析遵循以下思路：首先，按三个不同的解释变量，建立各自的面板数据回归模型[①]，剔除一些参数估计效果不显著的解释变量；其次，选择模型中被保留下来的解释变量，利用似无相关模型估计参数；最后，在此基础上考虑区域差异，根据两个维度（经济发展水平和农产品种植结构）将省份进行划分，建立核心解释变量与地区虚拟变量的交互项，利用似无相关模型估计参数。

（1）不考虑区域差异的模型估计

Breusch-Pagan test of independence 检验结果的 P 值为零，表明在 1% 的显著性水平上拒绝各方程扰动项相互独立的原假设，似无相关回归模型适用。表 6 - 2 的回归结果表明，控制其他解释变量，非农收入对三种要素投入均产生了正向的影响，参数估计结果非常显著，参数为正说明非农收入的增加有利于以上三种要素投入数量的增加，有助于农业生产方式的改变。其中，非农收入对农药的影响最显著，参数回归结果为 1，另外是农业机械和化肥。参数估计结果也表明其他因素对三种要素投入的影响，例如：农业固定资产投资和农业财政支出都显著地影响了农业机械的使用，但前者的影响为正，而后者的影响为负，这两个变量对化肥和农药的使用没有影响；农村劳动力人力资本对化肥和农药的使用产生了显著的正向影响，尤其是对农药使用量的影响较大，但没有影响到农业机械的投入；自然风险对化肥施用量有显著的负向作用，说明农业生产的自然风险不利于化肥投入。值得注意的是，根据我们的回归结果，实际务农劳动人数在农业机械和化肥两个模型中的系数为负，但没有在 5% 的显著性水平上通过检验，说明劳动力人数对要素投入的影响不显著，这与直觉上的认识不一致。

---

① 为了节约本书篇幅，本书没有报告该部分的回归结果。

表 6 - 2 参数估计结果

模型 1		模型 2		模型 3	
ln*machine*		ln*fertilizer*		ln*pesticides*	
ln*income*	0.418 *** (0.05)	ln*income*	0.121 *** (0.04)	ln*income*	1.000 *** (0.14)
ln*gdp*	-0.183 *** (0.07)	ln*labor*	-0.028 * (0.01)	ln*pro*1	-0.786 *** (0.15)
ln*labor*	-0.0270 (0.02)	ln*pro*2	0.085 * (0.05)	ln*labor*	0.0120 (0.04)
ln*investment*	0.290 *** (0.04)	ln*investment*	-0.0120 (0.02)	ln*gdp*	-0.705 *** (0.12)
ln*finance*	-0.121 *** (0.03)	ln*hcapital*	1.749 *** (0.15)	ln*pro*2	-0.244 ** (0.11)
cons	3.032 *** (0.45)	ln*risk*	-0.108 *** (0.02)	ln*hcapital*	3.447 *** (0.37)
		cons	-6.932 *** (0.62)	ln*risk*	-0.0750 (0.05)
				cons	-9.773 *** (1.51)
Breusch-Pagan test of independence		chi^2(3) = 98.907		Pr = 0.000	

注：①括号内为标准误差；②＊p＜0.1，表示在 10% 的显著性水平显著，＊＊p＜0.05，表示在 5% 的显著性水平显著，＊＊＊p＜0.01，表示在 1% 的显著性水平显著。

（2）考虑区域差异的模型估计

我国是个农业大国，地域广阔，经济发展水平、自然条件和资源禀赋等有明显的区域差异，在劳动力转移进程中，农业发展条件的异质性对农业生产模式的影响是客观存在的。应瑞瑶等的研究发现江苏和浙江两省具有相似的劳动力转移背景，但是由于浙江省地形以山地丘陵为主，机械对劳动力的替代能力较弱，导致粮食种植面积锐减，而地理位置邻近的江苏，平原面积占总面积的 70% 以上，机械对劳动力的替代弹性更大，阻止了粮食播种面积和复种指数的下降，地形地貌的差异导致了两省出现了不同的农业发展特征。可以预测，在人均土地较多并以平原为主的地区（比如我国东北和华北地区），劳动力节约型的农业要素增长可能会高于其他要素；相比之下，在土地相对稀缺并以山地、丘陵为主的地区（如我国中部和南方一些省份），土地节约型的农业要素投入增长可能会更快。

考虑到不同地区经济发展水平的差异，非农收入对要素投入结构的影响结果不尽相同。与大多数研究一样，我们根据经济发展水平将所有省份划分为东部、中部和西部三大区域，回归分析过程中，设置非农收入与地区虚拟变量的交互项，参数估计结果见表 6 - 3。

根据表 6 - 3 的回归结果可知：①加入了地区虚拟变量与非农收入交互项之后，各回归方程的拟合度有所改善。Breusch-Pagan test of independence 检验结果的 P 值仍然为零，表明似无相关估计方法仍然适用；②在以农业机械为被解释变量的回归方程中，非农收入与地区虚拟变量的交互项参数估计结果非常显著，系数值较小，为正值，与东部地区的交互项参数值大于中部地区，说明非农收入对农业机械投入的影响程度在东部地区是最高的，另外是中部地区，最后为西部地区；在以化肥为被解释变量的回归方程中，只有与东部地区的交互项回归结果是显著的，系数为正，说明东部地区非农收入对化肥投入的影响程度最大，而在中西部地区不存在显著差异；在以农药为被解释变量的回归方程中，两个交互项都是显著的，系数为正并且系数值较大，说明非农收入对农药使用的影响程度从高到低依次是东部、中部和西部。总体上来讲，考虑地区差异之后的回归结果优于之前，大部分交互项的参数估计结果都在 1% 的显著性水平下通过检验，在经济发展水平的不同区域，非农收入对农业要素投入的影响存在显著的区域差异。

表 6 - 3　参数估计结果

模型 1		模型 2		模型 3	
lnmachine		lnfertilizer		lnpesticides	
lnincome	0.210 *** (0.05)	lnincome	0.099 *** (0.03)	lnincome	0.372 *** (0.11)

续表

模型 1		模型 2		模型 3	
lnmachine		lnfertilizer		lnpesticides	
lngdp	− 0.340 *** (0.07)	lnlabor	0.00600 (0.01)	lpro1	− 0.199 (0.12)
lnlabor	0.0200 (0.02)	lnpro2	0.183 *** (0.04)	lnlabor	0.137 *** (0.03)
lninvestment	0.308 *** (0.03)	lninvestment	0.0180 (0.02)	lngdp	− 0.0390 (0.10)
lnfinance	0.0560 (0.03)	lnhcapital	1.298 *** (0.17)	lnpro2	0.252 *** (0.09)
income-east	0.058 *** (0.01)	lnrisk	− 0.080 *** (0.02)	lnhcapital	− 0.248 (0.36)
income-middle	0.029 *** (0.01)	income-east	0.039 *** (0.01)	lnrisk	0.0500 (0.04)
cons	4.623 *** (0.45)	income-middle	− 0.00300 (0.00)	income-east	0.175 *** (0.01)
		cons	− 5.508 *** (0.69)	income-middle	0.097 *** (0.01)
				cons	− 0.851 (1.30)
Breusch-Pagan test of independence		chi^2(3) = 53.695		Pr = 0.000	

注：①括号内为标准误差；②* p < 0.1，表示在 10% 的显著性水平显著，** p < 0.05，表示在 5% 的显著性水平显著，*** p < 0.01，表示在 1% 的显著性水平显著；③income-east，非农收入与东部省份的交互项，income-middle，非农收入与中部地区的交互项。

　　在我国不同省份，由于自然条件不同，农产品种植结构差别非常大。以粮食作物为例，南方省份以种植水稻为主，而北方省份以种植小麦和玉米为主。不同的农产品，生产技术和要素投入结构不同，接下来按照三种主要粮食作物种植面积占总播种面积的比例将所有省份分为三种类型：以水稻为主（food1）、以小麦为主（food2）和以玉米为主，并设置表示种植结构的虚拟变量和与非农收入的交互项，建立回归分析模型，以揭示不同地区非农收入对要素投入影响的差异，回归结果见表 6 - 4。

表 6 - 4 参数估计结果

模型 1		模型 2		模型 3	
ln*machine*		ln*fertilizer*		ln*pesticides*	
ln*income*	0.622 *** (0.05)	ln*income*	0.101 *** (0.04)	ln*income*	0.546 *** (0.12)
ln*gdp*	-0.246 *** (0.06)	ln*labor*	-0.038 *** (0.01)	ln*pro1*	-0.527 *** (0.12)
ln*labor*	-0.065 *** (0.02)	ln*pro2*	0.118 *** (0.04)	ln*labor*	0.00400 (0.03)
ln*investment*	0.191 *** (0.03)	ln*investment*	0.00200 (0.02)	ln*gdp*	-0.309 *** (0.10)
ln*finance*	-0.122 *** (0.03)	ln*hcapital*	1.651 *** (0.15)	ln*pro2*	-0.0890 (0.08)
*income-food*1	-0.031 *** (0.00)	ln*risk*	-0.092 *** (0.02)	ln*hcapital*	2.953 *** (0.30)
*income-food*2	0.041 *** (0.01)	*income-food*1	0.023 *** (0.00)	ln*risk*	0.0260 (0.04)
cons	2.513 *** (0.37)	*income-food*2	0.020 *** (0.01)	*income-food*1	0.117 *** (0.01)
		cons	-6.573 *** (0.61)	*income-food*2	0.084 *** (0.01)
				cons	-10.365 *** (1.17)
Breusch-Pagan test of independence		$chi^2(3) = 130.54$		Pr = 0.000	

注：①括号内为标准误差；②* p < 0.1，表示在 10% 的显著性水平显著，** p < 0.05，表示在 5% 的显著性水平显著，*** p < 0.01，表示在 1% 的显著性水平显著；③*income-food*1，种植水稻为主的地区与非农收入的交互项，*income-food*2，种植小麦为主的地区与非农收入的交互项。

表 6 - 4 回归结果说明，加入种植结构与非农收入的交互项之后，模型拟合度显著提高，Breusch-Pagan test of independence 检验结果表明似无相关估计方法仍然适用。非农收入与种植结构的交互项在三个回归模型中的参数估计结果均是显著的。以农业机械为被解释变量的模型回归结果显示在以种植小麦为主的省份，非农收入对农业机械的正向影响最大，另外是以种植玉米为主的地区，影响最小的是以种植水稻为主的地

区，与大多数研究结论一致。以化肥和农药为被解释变量的模型回归结果显示交互项参数估计结果均显著为正，非农收入对化肥和农药的正向影响在以种植水稻为主的地区最明显，其次是以种植小麦为主的地区，最后是以种植玉米为主的地区。值得注意的是，加入了该交互项之后，模型1和模型2中务农劳动人数的参数估计结果变得显著了，并且为负值，说明劳动人数的减少带来了农业机械总动力和化肥施用量的增加，与之前回归模型的结论有所不同。

四　结论与政策建议

本章以最大化家庭产出的农户为决策主体，从理论上分析了非农收入对农业要素投入结构的影响机制，并基于省级面板数据验证理论假说，结论如下：①在农村，由于农地仍然具有一定的保障功能，存在劳动力转移的农户不会完全退出农业生产，随着农产品价格的上涨，农业相对收益提高，激励农村家庭将务工的非农收入用于改善农业要素投入，弥补劳动力转移带来的损失；②实证分析表明，非农收入有利于提高劳动力节约型和土地节约型的农业要素投入，对农药使用量的影响最显著，其次是农业机械和化肥；③非农收入对农业要素投入结构的影响存在显著的区域差异，对农业机械、化肥和农药的影响在经济发达的东部地区最显著，对农业机械的影响在以种植小麦为主的地区最显著，对化肥和农药的影响在以种植水稻为主的地区最显著。以上结论说明，非农收入的增加会促进农业要素投入结构的改变，农户存在自我激励机制，会转变传统农业生产模式。

"三农"问题是政府持续关注的重要经济问题，在农村劳动力转移规模持续扩大和"刘易斯拐点"到来的背景下，农业生产面临尴尬的境地：一方面，劳动力转移可以增加农村家庭收入，提高农民的生活水平；另一方面，劳动力转移减少了实际务农劳动力人数，潜移默化地改变着传统农业生产方式。一些研究认为，在非农业收入占比越来越高的背景下，农业逐渐副业化，不利于农业生产效率的提高，然而本章的研究结论给我们的启示是：致使农业副业化的根本原因不是劳动力转移，而是农业相对收益的下降，如果农产品价格上涨使得农业收益增加，会激励农民合理分配家庭拥有的资源，有效安排农业生产。

随着农村改革的深入，农业生产经营主体逐渐多元化，然而规模生产并不适合所有农业区域，政府仍然应给予农户足够的关注。农业要素投入结构是决定农业生产效率的关键，政府有必要制定更有效的激励政策，促进农业生产方式转变。为此，本章提出以下政策建议：其一，改革和完善农产品价格形成机制，在保证农产品供给和粮食安全的前提下，充分发挥市场在农产品价格形成中的作用，通过价格反映农产品供需关系变动，引导资源在工业部门和农业部门间的合理配置；其二，关注经济发展水平和农业生产条件的区域差异，根据资源禀赋和种植结构的不同，制定差异化农业政策，引导农户优化要素投入结构，适量增加劳动力替代型和土地替代型要素使用量；其三，合理安排农业补贴，逐步增加"绿箱"政策比例，完善农业补贴方式和农业保险制度，提高农户的风险承受能力，促使农户在生产经营过程中采纳新技术和新要素，提高农业生产效率。

第七章 劳动力转移、刘易斯拐点与农产品价格上涨

农产品价格一直是学术界关注的重要课题，随着市场经济体制改革的深入及国家放松对农产品价格的管制，农产品价格波动频繁，尤其在 2003 年之后，我国农产品价格持续上涨。中国的经济改革始于具有集权性质的计划经济体制，农产品价格经历了从管制到放开的过程，随着价格体制改革，农产品价格受市场因素的影响越来越明显，本章首先对农产品价格体制的改革，以及已有解释农产品价格上涨的文献进行了综述，其次基于劳动力转移视角解释了农产品价格持续上涨的现象。一般而言，当居民的收入水平上升到一定程度之后，居民对农产品的需求缺乏弹性，需求变动通常不会成为诱发农产品价格剧烈波动的原因，如果忽略需求的变动或假定农产品需求稳定增长，在完全市场条件假定下，引发价格波动的因素主要来自供给。另外，已有研究从多个角度对农产品价格上涨进行了解释，包括生产成本、流通费用、货币供给以及国际相关产品的价格波动等，但大部分已有文献没有看到劳动力转移这一经济现实对农业产量及农产品价格的影响，对农产品价格的研究不够全面。

与西方发达国家比较，在我国农业生产中，劳动力所占比重较大，本章分析表明，随着农村劳动力的流出，农村家庭人均务农工资水平不断上升，工资上涨所产生的收入效应降低了务农劳动者的劳动供给弹性，从而导致了总务农劳动时间的减少。与此同时，一系列惠农政策带来的非务农收入增加强化了务农劳动者的收入效应，使背弯的劳动供给曲线上移，提高了务农劳动的保留工资。短期内，在假定其他影响农产品产量外生条件

不变以及农产品需求缺乏弹性时，总务农劳动时间减少了农产品供给，导致价格上涨。

长期以来，中国农村被视为具有无限的劳动力供给能力，然而从 2002 年开始，包括农产品价格上涨在内的一系列经济现象预示着中国劳动力无限供给的能力正在逐步消失。缩小务农劳动力规模是劳动力转移影响农业生产的途径之一，同时也改变了农村劳动力的人口结构，使女性和年龄偏大的劳动者成为农村主要劳动力，影响了农业生产效率和实际务农投入，刘晓昀等的研究表明中国农村劳动力转移到非农部门存在显著的性别差异，控制其他变量，农村女性劳动力从事非农就业的可能性比男性低 24%[①]。国家统计局 2015 年农民工监测调查报告显示[②]，在外出的农民工中，男性占 68.8%，女性占 31.2%；从年龄结构看，外出农民以青壮年为主，16～20 岁占 3.7%，21～30 岁占 29.2%，31～40 岁占 22.3%，平均年龄为 38.6 岁，相对于 2000 年平均年龄 33.6 岁提高了 5 岁，这是人口老龄化背景下的必然结果。相应的，留在农村从业的劳动力，年龄结构偏大，女性所占比例较高。大批青壮年劳动力的转移是近年来劳动力转移的一个重要趋势，这一方面提高了农村务农劳动力的平均年龄，另一方面由于青壮年中大部分选择外出务农，掌握不了农业生产技术，降低了"亦工亦农"的人口比例。以上统计数据说明，农村劳动力转移在减少务农劳动力绝对人数的同时，也使得女性和年龄偏大的劳动者成为务农劳动的主要劳动力。当女性和年龄偏大的劳动者成为务农劳动的主要劳动力时，他们对闲暇的需求往往高于其他群体，会改变农村务农劳动时间的分布。相对于青壮年劳动力，这部分劳动者的劳动技能、体力较弱，以前精耕细作的农业生产，会因为劳动力的缺乏而转向粗放型的耕作方式，从而影响农业生产的效率，影响农业产出。

---

① 刘晓昀等：《中国农村劳动力非农就业的性别差异》，《经济学（季刊）》2003 年第 2 期。

② http://www.stats.gov.cn/tjsj/zxfb/201604/t20160428_1349713.html，根据在外从事非农劳动的时间，将劳动力转移分为两种类型：一是，一年内外出从业 6 个月以上的为外出农民工；二是，在本地非农从业 6 个月以上的为本地农民工。

一　农产品价格体制改革：从管制到放开

（一）农产品价格管制

计划经济时代下，国家对农产品进行严格管制，政府指令是资源配置的主要手段，价格不能反映市场供需的变化。新中国成立初期，国家先后对粮食、食油、棉花等重要农产品实行统购统销，国家在制定的价格水平下控制农产品价格的生产和销售，出售剩余的农产品也不能在市场上进行交易。从 1958 年开始，根据农产品对国计民生的重要程度，国家把农产品划分为三类，对一类、二类农产品采取统购派购的管理方法，其他农产品主要由省级以下商业主管部门管理。1950 年至改革开放前夕，仅有的几次农产品价格变化都由国家制定。这一时期，为鼓励农业生产，保证农产品的供给和人们的基本生活需求，国家提高了农产品价格的收购价格。但受始于 20 世纪 60 年代中期开始的一系列政治运动的影响，农产品价格上涨幅度有限，以 1950 年为基期，1965 年的农副产品收购牌价指数为185.1，1975 年的农副产品收购牌价指数为 201.3。改革开放之前，农产品

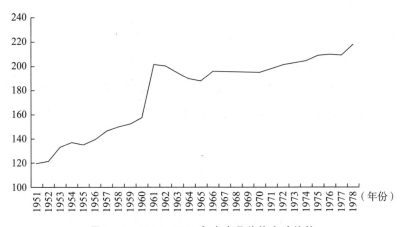

图 7 - 1　1951 ~ 1978 年农产品价格变动趋势

资料来源：《中国统计年鉴》。

收购价格变动大致可以分为三个时期：新中国成立初期至 1961 年，农产品价格明显增加；1962 ~ 1970 年，农产品收购价格基本不变，甚至下跌；1971 ~ 1978 年，收购价格有所上升，但并不明显。（见图 7 - 1）

（二）逐步放开农产品价格

1978 年之后，家庭联产承包责任制和农产品价格体制改革是中国农村经济改革两大重要内容，这些改革提高了农民的生产积极性和农业产量[1]。自此，国家逐步加强对农产品流通体制的改革和农产品市场建设，大部分农产品的价格逐步由市场形成，反映了供给和需求的变动。随着市场化改革的深入，国家逐步放开对各种商品的价格管制，20 世纪 80 年代中期基本形成三种价格机制[2]（见表 7 - 1）。1979 年，国家陆续提高了统购计划内主要农产品的收购价格，平均提价幅度为 24.8% [3]，同时对超过统购计划的农产品采取议价和加价的方式进行收购。与此同时，为放开农产品价格，国家先后重新限定了统购派购的范围和数量，并重新规定了派购品种的收购基数，到 1984 年底，国家统购、派购的农产品由过去最多时的 180 多种减少到了 38 种，统购派购的比重大幅度缩小。在这一政策的作用下，大部分农产品产量剧增，明显起到了激励农业生产的作用，1984 年，粮食产量达到了 4.07 亿吨，相对于 1979 年，增加了 1.03 亿吨，棉花产量为 625.8 万吨，为历史最高水平。以 1978 年为基期，1984 年粮食产量增长了 33.6%，棉花产量增长了 1.89 倍，糖料增长 1.01 倍，一些农产品进口数量也大幅减少，食用植物油在 1984 年变为净出口。1985 年中央一号文件规定，除少数农产品以外，国家不再向农民下达统购派购任务，按照不同

---

[1] Lin, J. Y., "Rural Reforms and Agricultural Growth in China", *The American Economic Review* 82 (1), 1992.

[2] 根据国家计划委员会价格管理司的分析，三种价格机制分别是政府计划价、政府指导价和市场决定价，在 1992 年宣布实行市场经济时，通过非市场定价的商品比重仅占 7.1%。刘旭明：《市场经济进程中的农产品价格理论》，《价格理论与实践》1993 年第 10 期。

[3] 宋洪远：《农村改革三十年》，中国农业出版社，2009。

情况，分别实行合同订购和市场收购。除一些与居民生活密切相关的主要农产品外（包括粮食、食油、棉花等），大多数农产品价格都已相继开放，只有棉花等少数几种农产品由国家定价，另外一些农产品如粮、油等实行价格"双轨制"，绝大多数品种的购销价格都放开了，由市场自行调节。对于两种最重要的农产品（粮食和棉花），虽然管制时间较长，但也逐步改革其价格体制。1998 年 12 月，国家决定深化棉花流通体制改革，要求从 1999 年 9 月 1 日新的棉花年度起，棉花的收购和销售价格均由市场形成。1993 年后，国家逐渐放开粮食市场，2001 年和 2002 年，政府开始取消国家定购和对市场价格的干预，2004 年，中央政府又通过正式颁布政策明确了粮食市场完全市场化[①]。可以认为，到 2004 年，包括粮食、棉花在内的所有农产品价格均已放开。

表 7-1 部分年份各类定价方式下农产品收购数额占收购总额的比例

单位：%

价格形式	1989 年	1990 年	1991 年	1992 年	1993 年	1994 年	1995 年	1996 年
政府定价	30	25	22.2	12.5	10.4	16.6	17	16.9
政府指导价	20	23.4	20.0	5.7	2.1	4.1	4.4	4.1
市场调节价	50	51.6	57.8	81.8	87.5	79.3	78.6	79

（三）工农产品价格剪刀差

苏联经济学家布拉任斯基首先提出"价格剪刀差"的概念，他认为在发展中国家，尤其是社会主义国家，政府通过实施价格差，将从农业部门赚取的利润补贴到城市工业部门，加快资本积累的速度。在我国，相对于其他工业产品，改革开放初期政府对农产品价格管制仍然较多，工农产品存在明

---

① 粮食流通体制的改革可以划分为三个阶段：第一阶段，1978 年至 1993 年，对统购统销制度的改革；第二阶段，1994 年至 2003 年，粮食流通体制市场化改革相对落后的时期；第三阶段，2004 年以来，粮食流通市场化改革全面展开阶段。蔡昉等：《中国农村改革与变迁：30 年历程和经验分析》，格致出版社、上海人民出版社，2008。

显的价格剪刀差。对于很多发展中国家,在工业化起步阶段,为在工业部门
更快地积累发展所需要的资本,通常会有意压低农产品价格,有意提高工业
部门的利润率。Sah 等在两部门均衡的框架下,分析了工农产品价格剪刀差
的累积效应和分配效应,认为政府部门可以通过制定不利于农民的产品贸易
条件,增加资本积累的数量,以农民和城市工人的福利损失来达到资本积
累的需要[①]。1953 年至 1978 年,通过工农产品"价格剪刀差",中国农业为
国家工业化建设积累高达 3376 亿元的资金,占全民所有制各行业基本建设
新增固定资产总额的 92%,平均每年达 135 亿元。林毅夫等利用 1949 年到
1992 年的省级面板数据分析发现,受国家长期实行重工业轻农业的发展战略
影响,在政府的目标函数中,农民的权重小于工人,农民福利的权重小于资
本积累的权重,这一结论与中国的实际情况相符[②]。20 世纪 90 年代早期,
随着市场经济体制的建立,工农产品价格剪刀差才逐渐缩小,20 世纪 80
年代初期和 90 年代中期,部分农产品价格放开之后,出现了价格暴涨[③]。
表 7 - 2 为改革开放初至 80 年代末几种主要农产品价格的变动。

表 7 - 2 1978 ~ 1989 年主要农产品价格变动 (上年 = 100)

年份	总指数	粮食	经济作物	竹木材	工业用油漆	禽畜产品	蚕茧蚕丝	土副产品	水产品
1978	103.9	100.7	107.4	101.0	110.1	100.5	100.1	105.4	102.5
1979	122.1	130.5	123.4	115.0	105.6	122.6	122.0	103.9	118.2
1980	107.1	107.9	110.9	115.8	112.1	103.4	101.8	105.2	101.8
1981	105.9	109.7	106.3	127.0	99.6	101.1	100.0	101.0	100.6
1982	102.2	103.8	101.6	105.9	100.7	100.3	100.6	101.3	101.0
1983	104.4	110.3	100.3	100.2	100.1	100.5	101.2	103.2	103.2
1984	104.0	112.0	101.3	103.3	101.0	104.1	100.0	101.7	109.8

[①] Sah, R. K., Stiglitz, J. E., "The Economics of Price Scissors", *The American Economic Review* 74 (1), 1984.

[②] 林毅夫等:《我国价格剪刀差的政治经济学分析:理论模型与计量实证》,《经济研究》2009 年第 1 期。

[③] 马晓河等:《当前农产品价格上涨成因分析——兼论农产品价格与通货膨胀的关系》,《中国农村经济》1995 年第 1 期。

续表

年份	总指数	粮食	经济作物	竹木材	工业用油漆	禽畜产品	蚕茧蚕丝	土副产品	水产品
1985	108.6	101.8	101.5	155.5	101.6	124.1	105.5	108.1	151.3
1986	106.4	109.9	103.6	114.9	99.8	103.0	107.4	112.9	110.4
1987	112.0	108.0	103.3	120.3	103.9	117.9	124.0	115.5	122.8
1988	123.0	114.6	111.3	136.7	126.9	140.2	187.8	119.1	134.3
1989	115.0	126.9	116.7	105.2	107.0	110.2	106.7	142.5	99.8

资料来源：根据国家统计局统计数据库相关数据整理。

统购统销制度虽然起到了稳定农产品价格的作用，但由于缺乏市场激励，也造成了农产品供给不足和农民收入低的后果，甚至带来"越少越统、越统越少"的恶性循环。1978 年之后，对农产品价格体制的改革主要按调整价格、减少管制、最后放开的思路进行，经过 20 多年的改革，国家已完全放开农产品市场，除了粮食收购价格外，所有农产品价格基本由市场决定，形成了比较合理的价格机制。现阶段，在市场机制的引导下，农产品价格的波动主要源于国际国内的市场因素，工业产品和农业产品的价格剪刀差逐步缩小，形成了合理的价格体系。

二 已有对农产品价格上涨的解释

农产品价格在经历了 20 世纪 90 年代中期至 2002 年急剧下跌之后，又呈现持续上升趋势，并成为 2003 年之后一般物价上涨的主要推动力[1]。由于农产品的需求弹性较低，其价格波动对人们生活水平的影响明显，尤其影响到中低收入家庭的生活状况，因此农产品价格的变动也受到学术界的格外关注。从图 7-2 可以看出改革开放以后，农产品价格总体处于上升趋势，但每个阶段上升的速率不同，徐雪高等将这一时期的农产品价格变

---

[1] 谭本艳等：《我国 CPI 波动的长期驱动力与短期驱动力——基于 CPI 分类指数的分析》，《统计研究》2009 年第 1 期。

动分为六个周期，认为 2007 年之后是第 6 个周期的开始[①]。农产品价格在经历了 90 年代中期短暂而又迅速上涨之后，在 20 世纪末持续下跌（仍然高于价格放开前的水平），直到 2003 年之后出现新一轮上涨。图 7-2 显示 2003 年以后，虽然农产品价格每年涨幅不同，但上涨趋势明显，只在 2009 年由于受金融危机影响而有小幅下跌[②]。在新的供给和需求环境下，2003 年之后几次农产品价格上涨表现出了不同的特征[③]，一方面农产品价格整体上持续上涨；另一方面每次上涨的结构并不相同，如 2004 年主要表现为粮食价格上涨带动其他农产品价格的上涨，到 2007 年，价格上涨最快的有肉类产品、油料和大豆等，2010 年，棉花、鲜菜、鲜果以及林业产品的价格上涨较快。因此，试图用某一种具体的农产品价格上涨原因来解释农产品价格总体上涨趋势不能成立。

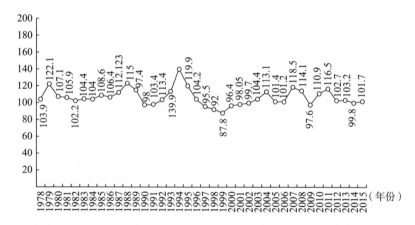

图 7-2　农产品生产价格总指数变动趋势（上年 = 100）
资料来源：《中国统计年鉴》。

理论上可以将任何一种商品的价格波动用下列公式描述[④]：

---

① 徐雪高等：《我国农产品价格波动的历史回顾及启示》，《中国物价》2008 年第 5 期。
② 黄季焜等：《本轮粮食价格的大起大落：主要原因及未来走势》，《管理世界》2009 年第 1 期。
③ 程国强等：《新一轮农产品价格上涨的影响分析》，《管理世界》2008 年第 1 期。
④ Bryan, M. F., Cecchetti, S. G., "The Consumer Price Index as a Measure of Inflation", *Federal Reserve Bank of Cleveland Economic Review* 29 (4), 1993; Reis, R., Watson, M. W., "Relative Goods' Prices and Pure Inflation", *American Economic Journal*: *Macroeconomics* 2 (3), 2010.

$$\pi_t^j = \pi_t^* + x_t^j \, (j = 1, 2, \cdots, J)$$

　　假定各类商品的价格变化同时包含两个趋势：一个为影响所有商品的共同价格变化的动态因子，通常源于宏观经济形势的变动，或者是作为一般等价物货币数量的变动；另一个是影响某一种具体商品价格变化的其他因子，主要源于某一种商品自身的供给或需求的变动引发的价格波动。可以将上述公式中的 π_t^* 看作一般物价水平的变动，π_t^j 看作相对物价水平的变动，本章主要关注上式中的 x_t^j。

　　农产品价格体制没有改革之前，价格的变动主要源于国家根据经济形势的需要对价格进行调整，价格被放开之后，价格波动主要源于市场供求变动，这部分文献综述主要是对 2003 年之后农产品价格上涨的已有解释。从 1980 年至 2006 年，中国居民人均收入增加了 8~9 倍，而人均粮食消费量增长有限，一般而言，在低收入增长阶段，消费者对农产品需求的收入弹性较高，收入增长或许是增加农产品需求的主要因素之一，而当消费者收入达到一定水平以后，随着收入的进一步增加，农产品需求的收入弹性基本稳定[1]，在当前中国所处的收入阶段，由需求变动引起农产品价格持续上涨的可能性较小，已有文献大部分从供给角度分析农产品价格上涨的原因，大致可以分为以下四类。

　　（1）国际市场因素。中国在 2001 年加入世界贸易组织以来，国内和国际农产品市场联系更加紧密，国内农产品价格受国际因素影响愈发明显[2]，部分学者从国际因素来解释我国农产品价格的波动，并从不同角度阐述了国际因素对国内农产品价格的影响机制。孙启明等认为国际农产品价格的持续上涨通过进出口和国际资本潜入提高了国内农产品的价格，并抬高了国内物价[3]。罗锋等从经验上检验了国际农产品价格波动与国内农

---

[1]　Rosegrant, M. W., Zhu, T., Msangi, S. et al., "Global Scenarios for Biofuels: Impacts and Implications", *Review of Agricultural Economics* 30 (3), 2008.

[2]　卢锋等：《我国"入世"农业影响的省区分布估测》，《经济研究》2001 年第 4 期。

[3]　孙启明等：《近年我国食用农产品价格周期波动及国际传导因素分析》，《经济学动态》2008 年第 9 期。

产品价格波动的关系，认为相对于农产品的进口价格，国际期货价格的信息反应机制对国内农产品价格波动的影响更大①。卢锋等认为国际石油价格的上升，一方面增加了农产品的生产成本，推动价格上涨②，另一方面导致了对生物燃料的需求，从而增加了对粮食等农产品的需求，其从供给和需求两个方面推动了国际农产品价格的上涨，以此抬高了国内农产品价格。然而，姚涛等的研究表明，与改革开放初期相比，中国农产品贸易占贸易总额的比重呈下降趋势③（见图7-3），农产品的进出口主要在于调剂品种，上述解释并未得到经验证据支持④。

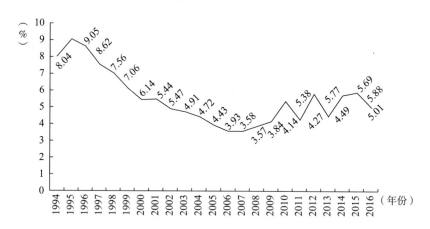

图7-3 农产品贸易额占贸易总额的比重

资料来源：根据国家统计局统计数据库整理得到。

（2）货币因素。Schuh通过对货币政策和农产品市场间的关系研究，

---

① 罗锋等：《国际农产品价格波动对国内农产品价格的传递效应——基于VAR模型的实证研究》，《国际贸易问题》2009年第6期。

② 卢锋等：《我国粮食供求与价格走势（1980～2007年）——粮价波动、宏观稳定及粮食安全问题探讨》，《管理世界》2008年第3期；黄季焜等：《本轮粮食价格的大起大落：主要原因及未来走势》，《管理世界》2009年第1期。

③ 根据国家统计局数据库中的国际数据，2000年，我国农产品进出口贸易总额占总贸易额的7.57%，2008年数据为5.03%，下降了2.54个百分比。

④ 姚涛：《现阶段我国农产品贸易的结构与特点分析》，《西安财经学院学报》2011年第1期；赵一夫等：《中国农产品对外贸易的产品结构特征分析》，《农业技术经济》2005年第4期。

发现货币事件对农产品价格有显著的影响[1]，Lapp 利用 Granger 检验发现农产品相对价格波动与货币供给的不可预期变动存在因果关系[2]。从货币层面来看，货币对农产品价格的影响机制主要包括货币供给冲击、总体通胀水平传导和农业生产资料价格传导等途径。李敬辉等认为宽松的货币政策改变了居民对通货膨胀和利率变动的预期，从而增加了对包括粮食产品在内的大宗商品的存货需求，带动了农产品物价上涨[3]。这一结论显然只能解释类似于粮食这类可储存的农产品价格上涨，但无法解释诸如水果、鲜菜、肉类食品这些不易储藏的农产品价格变动。况且从每次价格上涨的先后顺序来看，农产品价格上涨通常先于一般物价上涨。马龙等认为货币供给冲击只能解释 9% 左右的农产品价格波动，货币供给冲击不是直接影响农产品价格波动的主要原因[4]，蔡风景等的经验检验也认为货币政策主要通过改变货币供应量和汇率机制影响农产品价格，但传导效应不强[5]。

（3）生产成本。农业生产成本是影响农产品价格的重要因素，近年来包括劳动力、农资等在内的生产要素显著增加[6]，据此一些学者认为农产品价格的上涨是由生产成本增加引起的。从分析农业生产的成本结构来看，与西方发达国家不同的是，中国农业生产中劳动力成本所占比重远远高于西方一些农业发达国家[7]。统计数据显示 2000 年之后，劳动成本在农

---

[1] Schuh, G. E., "The Exchange Rate and U. S. Agriculture", *American Journal of Agricultural Economics* 56 (1), 1974.

[2] Lapp, J. S., "Relative Agricultural Prices and Monetary Policy", *American Journal of Agricultural Economics* 72 (3), 1990.

[3] 李敬辉等：《利率调整和通货膨胀预期对大宗商品价格波动的影响——基于中国市场粮价和通货膨胀关系的经验研究》，《经济研究》2005 年第 6 期。

[4] 马龙等：《货币供给冲击是影响我国农产品价格上涨的重要原因吗？》，《经济学动态》2010 年第 9 期。

[5] 蔡风景等：《我国货币政策对农产品价格的传导研究》，《统计与决策》2009 年第 9 期。

[6] 蓝海涛等：《经济周期背景下中国粮食生产成本的变动及趋势》，《中国农村经济》2009 年第 6 期。

[7] 黄季焜等：《中国主要农产品生产成本与主要国际竞争者的比较》，《中国农村经济》2000 年第 5 期。

业生产中的比重并没有明显的变化① （见图7-4和表7-3）。我国具有较强国际竞争优势的农产品也只是局限于那些劳动不容易被替代的劳动密集型农产品，即使非劳动成本2003年至2010年同比平均上涨106.1%，也不足以解释农产品价格上涨。这样看来，从生产成本角度分析其对农产品价格的影响，应该更多地关注劳动力成本的变动，这是现有文献在分析农产品价格时所忽略的一个重要方面。

（4）其他因素。不同于一般商品，大部分农产品的供给周期较长，受自然因素影响较大。张利庠等用自然灾害频发及其他不可抗力等外部冲击导致的农产品供给下降来解释价格上涨②，胡卓红等认为农产品流通成本过高导致了农产品价格上涨③。

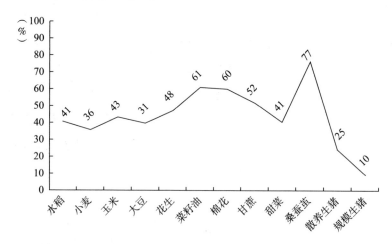

图7-4 主要农产品劳动成本占总生产成本比重（2011~2016年）
资料来源：根据《全国农产品成本收益资料汇编》中相关数据整理得到。

---

① 对农业生产中劳动力成本的核算一直存在争议，现有的计算方法在很大程度上低估了劳动成本。从理论上来讲，最科学的方法应该是根据务农劳动的机会成本来计算，但实践中很难实现。

② 张利庠等：《外部冲击对我国农产品价格波动的影响研究——基于农业产业链视角》，《管理世界》2011年第1期；何孝星等：《国内一般物价水平上涨的结构性分析——兼论中国经济发生通胀的可能性》，《经济学动态》2010年第10期。

③ 胡卓红等：《当前农产品价格上涨中的流通成本研究》，《价格理论与实践》2008年第8期。

表 7 - 3　2011~2016 年主要农产品人工成本占总成本比例

单位：%

年份	水稻	小麦	玉米	大豆	花生	菜籽油
2011	36.56	31.68	38.67	27.90	41.64	54.96
2012	40.43	35.09	43.11	30.70	45.84	60.50
2013	42.51	37.58	45.00	32.11	49.01	63.47
2014	42.55	37.79	44.62	32.48	50.47	62.80
2015	42.31	37.02	43.25	31.89	49.66	62.58
2016	41.22	36.64	42.99	32.15	49.16	62.97
均值	40.93	35.97	42.94	31.20	47.63	61.21
年份	棉花	甘蔗	甜菜	桑蚕	散养猪	规模养猪
2011	54.40	48.21	36.67	70.08	19.13	7.74
2012	60.35	51.62	36.90	75.50	22.73	8.72
2013	62.45	52.96	39.85	77.35	25.86	9.85
2014	61.81	53.58	43.04	78.56	27.02	10.58
2015	60.64	53.06	43.81	79.33	27.83	10.87
2016	60.42	52.16	44.66	79.81	24.69	9.91
均值	60.01	51.93	40.82	76.77	24.54	9.61

资料来源：根据《全国农产品成本收益资料汇编》中相关数据整理。

从已有文献提供的解释来看，不难发现它们或解释个别农产品的价格上涨，或解释某一次短暂的农产品价格上涨，而本章试图从农村劳动力转移及农村居民收入提高的视角来解释农产品价格的普遍持续上涨。

三　理论分析模型

（一）劳动力转移对农产品供给的影响

任何国家的经济增长都得益于现代部门的扩张，对于存在剩余劳动力的国家而言，经济的增长过程必然伴随着劳动力从相对落后的传统部门向现代部门转移①。在刘易斯最初的二元经济模型中，当农村存在绝对剩余劳动力时（$MP_L = 0$），农业劳动力转移到现代部门不会影响农业产出水平。后来的大部分文献的分析表明，在很多国家，农业劳动力边际产出为零的假定并不符合现实情况②。当农村已经不存在刘易斯意义上的绝对剩余劳动力时，劳动力的流出必定会影响农业生产，进而影响农业产出③。Berry 等认为劳动力的流出会提高余留劳动者的边际产出从而提高他们的工资率④，当以下某一假设成立时，农业产出才是稳定的：①闲暇是一种劣等品；②闲暇已被充分满足；③劳动者关于闲暇和消费的偏好是完全替代的。

　　20 世纪 80 年代之后，随着我国城市工业部门的扩张及国家关于劳动力流动制度的变革⑤，农村劳动力大量涌入非农业部门，完全留在农村从事农业生产的劳动力比例很低，从结构上来看，老人和妇女所占的比例远高于其他人群⑥。劳动力从传统部门的流出，一方面，减少了单位土地面积上务农劳动者的人数，影响了农业生产的总劳动时间和农业生产效率。在我国农业生产中，向来有精耕细作的传统，单位土地面积上所拥有的劳动力数量越多，产出水平越高，而劳动力转移必将改变传统以劳动力投入为主的"精耕细作"模式。另一方面，随着农村劳动力的转移，农村所拥

---

① 李实认为，随着我国经济体制改革的深入，劳动转移还体现为从效率较低的传统计划体制部门转移到由市场引导的经济部门。

② Stiglitz 认为劳动力绝对剩余存在两种定义：一是，对于行业来讲，劳动的边际产出为零，即劳动力是无限供给的；二是，当劳动者离开这个行业时，留下的劳动者能够更加努力工作以保证产出水平不变。大部分经验都表明，第二种意义上的劳动力剩余更加符合现实情况。Stiglitz, J. E., "Rural-Urban Migration, Surplus Labour, and the Relationship between Urban and Rural Wages", *Eastern African Economic Review* 1 (2), 1969.

③ Sen, A. K., "Peasants and Dualism with or without Surplus Labor", *Journal of Political Economy* 74 (5), 1966.

④ Berry, R. A., Soligo, R., "Rural-Urban Migration, Agricultural Output, and the Supply Price of Labour in a Labour-Surplus Economy", *Oxford Economic Papers* 20 (2), 1968.

⑤ 王西玉等：《中国二元结构下的农村劳动力流动及其政策选择》，《管理世界》2000 年第 5 期。

⑥ Li, Q., Huang, J., Luo, R. et al., "China's Labor Transition and the Future of China's Rural Wages and Employment", *China & World Economy* 21 (3), 2013.

有的人均可支配要素禀赋增加，提高了劳动者的务农工资①。给定农产品价格，农民的单位务农劳动收入直接依存于与之配合的其他非劳动禀赋，如地理、气候等自然条件，交通、水利等公共设施以及农业技术，特别是单位劳动所拥有的土地及其肥力。人均耕种的土地越多，单位劳动的务农收入越高。在假定闲暇是一种正常商品的情况下，务农工资的提高所产生的收入效应使劳动者增加了对闲暇的需求，降低了务农劳动的供给弹性。此外，2000 年之后，我们国家所实行的农村税费改革和各项惠农政策提高了农民的实际收入水平②，进一步强化了务农劳动者的收入效应，减缓了务农劳动供给的增长速度。因此，短期内随着人口增长及其他工业用途导致对农产品需求的增加，在假定诸如农业生产技术、农业生产资料价格等其他影响农产品供给的外生条件不变时，由于劳动力转移而导致的务农时间减少不能由继续留在农村从事务农劳动的劳动者加以弥补，这必然导致总务农劳动时间的减少，从而降低农业产出水平，引起农产品价格上涨。

（二）理论模型

为简化分析，模型中假定农业生产资本和生产技术不变，只有农业劳动力数量和劳动时间影响产出水平，设定代表性农户的生产函数为：

$$Y = F(L) = L^{\beta}$$

L 为总劳动时间，β 为产出弹性系数（合乎一般假定，$0 < \beta < 1$），生产函数符合规模报酬不变的性质。假定代表性农户的劳动人数为 N，总劳动时间 L 平均分配给每个劳动者，每个劳动者的劳动时间 $L = N \cdot l$。农村劳动力的流出意味着代表性农户劳动力人数 N 减少，N 的减少会通过务农工资的变化影响到仍然留在农村从事务农劳动者的劳动时间 l，因此 l 是 N 的函数，相应的生产函数可表示为：

---

① 杨晓维等：《禀赋异质的同质劳动供给与工资决定》，《北京师范大学学报》2011 年第 2 期。

② 方齐云等：《我国农村税费改革对农民收入影响的实证分析》，《中国农村经济》2005 年第 5 期。

$$Y = N^{\beta} \left[l(N) \right]^{\beta}$$

假定农产品需求函数为：

$$D = D_o - a \cdot P, \ (a > 0)$$

供给等于需求时的农产品价格为均衡价格：

$$D_o - a \cdot P = N^{\beta} \left[l(N) \right]^{\beta}$$

由此得到均衡价格：

$$P = \frac{D_o - N^{\beta} \left[l(N) \right]^{\beta}}{\alpha}$$

农业劳动力 N 的变化对农产品价格的影响可表示为：

$$\frac{\partial P}{\partial N} = -\frac{1}{a} \beta N^{\beta-1} l^{\beta} \left(1 + \frac{N}{l} \cdot l'_{N} \right)$$

将 $e = \frac{N}{l} \cdot l'_{N}$ 定义为个人务农劳动时间关于劳动力数量的弹性，由于 $\frac{1}{a} \beta N^{\beta-1} l^{\beta} > 0$，$\frac{\partial P}{\partial N}$ 的符号取决于 l'_{N} 的符号及 e 的大小。根据以上等式，可将农业劳动力的变化对农产品价格的影响分为三种情况。①$l'_{N} > 0$，则 $\frac{\partial P}{\partial N} < 0$。在农业资本和农业生产技术不变的情况下，农业劳动力转移减少了 N，留下的每个劳动者的劳动时间 l 相应地减少了，总劳动时间 L 必然减少，从而导致农产品供给减少，价格上涨。②$l'_{N} < 0$ 且 $e > -1$，则 $\frac{\partial P}{\partial N} < 0$。此种情况说明随着农村劳动力的流出，虽然留在农村每个劳动者的劳动时间增加了，但不足以弥补由于劳动者流出而导致的总劳动时间减少，此时，总劳动时间 L 仍然是减少的，农产品供给减少导致价格上涨。③$l'_{N} < 0$ 且 $e < -1$，则 $\frac{\partial P}{\partial N} > 0$，劳动力的流出增加了留在农村劳动者的务农劳动时间，并使总劳动时间大于转移之前的总劳动时间，L 增加，农产品供给增加，农产品价格下跌。

基于闲暇是一种正常商品的假定，在经典的劳动供给模型的框架下，以个体务农劳动者为决策主体，说明农村劳动力的流出和非务农收入的增加对务农劳动时间的影响。模型假定：①个体劳动者有 C – D 形式的效用函数；②劳动者是同质的，劳动时间是连续的；③劳动者的最大闲暇时间为 1，消费价格也假定为 1。

模型具体形式表述如下：

$$\max U = C^{\alpha} \cdot (1-l)^{1-\alpha}$$
$$s.t. \ C \leqslant M_0 + w \cdot l$$

模型中，C 为劳动者的商品消费数量，l 为劳动时间，α 为参数（$0 < \alpha < 1$），w 为工资率，M_0 为非务农收入。模型均衡解存在三种情况[①]，本章仅关注内点解，在均衡条件下务农劳动时间满足条件：

$$l = \alpha - \frac{(1-\alpha) \cdot M_0}{w}$$

基于准自耕农土地制度假定[②]，务农工资为平均产出水平，基于上文中的生产函数形式及等量关系，务农工资为：

$$w = \frac{L^{\beta}}{L} = (Nl)^{\beta-1}$$

将它代入均衡的劳动供给等式中：

$$l = \alpha - (1-\alpha) \cdot M_0 \cdot (Nl)^{1-\beta}$$

令 $T = l - \alpha + (1-\alpha) \cdot M_0 \cdot (Nl)^{1-\beta}$，根据隐函数全微分求导方法可得到：

---

① 一是，无解，当务农工资低于劳动者的保留工资时，劳动供给时间为零，务农劳动的保留工资取决于非务农劳动收入决定的初始禀赋；二是，角点解，意味着劳动与不劳动是无差异的；三是，内点解，本章所讨论的解。

② 胡景北：《农业土地制度和经济发展机制：对二十世纪中国经济史的一种理解》，《经济学（季刊）》2002 年第 1 期。

$$\frac{\partial T}{\partial N} = (1 - \alpha) \cdot (1 - \beta) \cdot M_0 \cdot l \cdot (Nl)^{-\beta}$$

$$\frac{\partial T}{\partial l} = 1 + (1 - \alpha) \cdot (1 - \beta) \cdot M_0 \cdot N \cdot (Nl)^{-\beta}$$

$$\frac{\partial l}{\partial N} = -\frac{\partial T/\partial N}{\partial T/\partial l} = -\left[\frac{(1 - \alpha) \cdot (1 - \beta) \cdot M_0 \cdot l \cdot (Nl)^{-\beta}}{1 + (1 - \alpha) \cdot (1 - \beta) \cdot M_0 \cdot N \cdot (Nl)^{-\beta}} \right]$$

可以看出 $\frac{\partial l}{\partial N} < 0$。根据前面所定义的弹性 $e = \frac{N}{l} \cdot l'_N$，可得到：

$$e = \frac{N}{l} \cdot l'_N = -\frac{N}{l} \cdot \frac{(1 - \alpha) \cdot (1 - \beta) \cdot M_0 \cdot l \cdot (Nl)^{-\beta}}{1 + (1 - \alpha) \cdot (1 - \beta) \cdot M_0 \cdot N \cdot (Nl)^{-\beta}}$$

$$= -\frac{(1 - \alpha) \cdot (1 - \beta) \cdot M_0 \cdot N \cdot (Nl)^{-\beta}}{1 + (1 - \alpha) \cdot (1 - \beta) \cdot M_0 \cdot N \cdot (Nl)^{-\beta}}$$

很明显，$(1 - \alpha) \cdot (1 - \beta) \cdot M_0 \cdot N \cdot (Nl)^{-\beta} > 0$，个人务农劳动时间关于劳动力转移的弹性 $-1 < e < 0$，即随着农村劳动力的流出，留在农村的劳动力的务农劳动时间增加，但不足以弥补劳动力流出所减少的劳动时间，总务农时间减少，农产品价格上涨，即文中的第二种情况。

劳动力转移导致总劳动时间减少的原因在于，随着农村劳动力的流出，农村劳动者务农工资上涨。在假定闲暇是一种正常商品时，务农工资上涨所带来的收入效应导致务农劳动者增加了对闲暇的需求，从而降低了劳动供给弹性，导致总劳动时间减少。根据上文中定义的务农工资 $w = \frac{F(L)}{L}$，可以计算出当劳动的产出弹性 $F'(L) \cdot \frac{L}{F(L)} = \beta < 1$ 时，即使总劳动时间的减少，务农工资仍然是上涨的：$\frac{\partial w}{\partial L} = L^{\beta-2} [\beta - 1] < 0$。

依据相关统计数据测算，1985 年之后务农工资存在持续上涨趋势，见图 7-5。

非务农收入也是影响劳动供给的一个重要因素，在其他条件不变的情况下，非务农收入的增加强化了劳动者对闲暇的需求，减少了个体务农劳动者的劳动时间 $\left(\frac{\partial l}{\partial M_0} < 0 \right)$，从而减少了总务农劳动时间 $\left(\frac{\partial L}{\partial M_0} < 0 \right)$，进而可以得

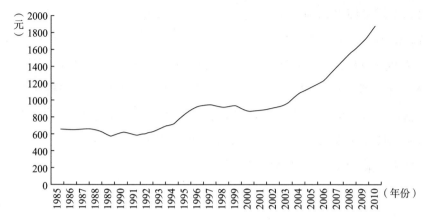

图 7－5　1985 年之后实际务农工资变化趋势

注：务农工资等于总务农收入（农村居民农林牧渔四项收入总和）除以务农劳动人数，务农劳动人数为乡村就业人数减去在乡镇企业、私人企业工作的人数以及个体的就业人数。

资料来源：《中国统计年鉴》和《中国农村统计年鉴》。

到 $\frac{\partial P}{\partial M_0} > 0$。

20 世纪末期，我们国家已基本实现了农产品的供需平衡，不存在长期的农产品短缺问题，"三农"问题的核心转移到了农民收入增长问题上[①]。近年来，国家所制定的一系列惠农政策，从直接提高农民收入和减少农民负担两个方面增加了农民实际收入水平。图 7－6 显示了 2001 年之后人均转移性收入水平持续增加，2008 年该项收入的增长率超过了 40％。粮食直补及其他补贴直接增加了农民的收入[②]，徐翠萍的分析结果表明农村税费改革对农户收入具有显著的正效应[③]，平均使农户人均纯收入提高了6.82％。王震认为包括税费减免、农业补贴和新农合参合补贴在内的新农

---

① 钟甫宁等：《农民角色分化与农业补贴政策的收入分配效应》，《管理世界》2008 年第 5 期。

② 近年来国家加大了对农民的补贴力度，据统计数据显示，2009 年中央财政和地方财政对粮食、农资、粮机和农机四项补贴的总额为 1274.5 亿元，是 2007 年的 2.5 倍，数据源于《中国农村统计年鉴》。

③ 徐翠萍：《税费改革对农户收入增长的影响：实证与解释——以长三角 15 村跟踪观察农户为例》，《中国农村经济》2009 年第 2 期。

村建设不仅总体上提高了农民的收入，而且改善了收入不平等状况①。教育和医疗两大支出是农村居民重要的非生产性支出，以医疗费用支出为例，20 世纪 80 年代，由村民自己支付的医疗费用比例达到了 90%②。从 2002 年开始③，各省开始新一轮的农村合作医疗制度改革，并逐年提高报销比例，大幅度减轻了农民经济负担。非务农收入增加强化了劳动者的收入效应，提高了保留工资，部分保留工资较高的劳动者退出务农劳动市场，减少了总的务农劳动时间。

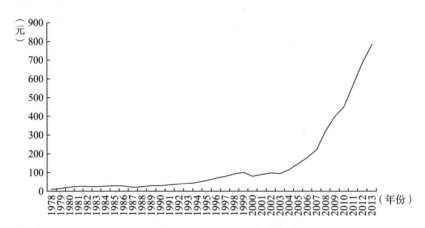

图 7 - 6　2001 年之后乡村居民人均转移性收入

四　经验证据

由于缺乏精确连续的农村劳动力转移规模和从事务农劳动人数的统计数据，无法建立一个计量经济学模型对上文中理论推导结论进行检验，因此以下相关数据均属于描述性统计分析，以说明与本章相关的问题。回顾 2003 ~ 2010 年的农产品价格上涨，根据上涨的速度，大致可以将其分为两

---

① 王震：《新农村建设的收入再分配效应》，《经济研究》2010 年第 6 期。

② 李卫平：《我国农村卫生保健的历史、现状与问题》，《管理世界》2003 年第 4 期。

③ 2002 年，中央政府制定《关于进一步加强农村卫生工作的决定》，自此中央财政和地方财政逐步增加对农村医疗救助及农村合作医疗的投入。

个时期：第一个时期为 2003 年至 2006 年，农产品总体上价格上涨，但上涨的速度相对平缓；第二个时期为 2007 年至 2010 年，农产品价格仍然保持了上涨的趋势，但上涨速度明显高于之前水平，尤其在 2007 年和 2008 年，主要农产品生产价格指数连续 2 年维持在 100 以上（见表 7 - 4）。在蛛网模型的假定下，当期价格的变动会引起下一期农产品的供给数量，当农产品价格上涨时，回乡务农或亦工亦农的劳动者会增加，农产品供给相应增加，这会导致农产品价格一定幅度的下降，这与我们观测到的农产品价格在波动中上升的趋势是一致的。

表 7 - 4　几种主要农产品本期产量增长数量与上一期价格水平

指标		2002 年	2003 年	2004 年	2005 年	2006 年	2007 年	2008 年	2009 年	2010 年	r
大豆	价格指数	98.95	120.62	120.17	94.24	99.29	124.17	119.72	92.30	107.85	0.61
	产量增量（万吨）	188.40	-113.69	104.55	-74.39	-153.95	-283.62	323.18	-112.99	-33.76	
油料	价格指数	104.82	119.40	116.58	91.33	104.83	133.44	128.00	94.15	112.05	0.82
	产量增量（万吨）	32.30	-86.20	254.91	11.23	-436.82	-71.57	384.08	201.47	75.84	
棉花	价格指数	103.35	135.33	79.54	111.82	97.06	109.60	90.58	111.75	157.66	0.72
	产量增量（万吨）	-40.80	-5.63	146.38	-60.93	181.86	9.08	-13.17	-111.51	-41.56	
水果	价格指数	109.91	102.04	98.63	107.41	111.35	101.27	101.35	106.96	118.85	0.45
	产量增量（万吨）	293.99	7565.43	823.47	779.21	981.87	1034.32	1083.90	1175.32	1005.91	
猪肉	价格指数	97.96	102.86	112.84	97.58	90.59	145.85	130.84	81.62	98.33	0.46
	产量增量（万吨）	142.10	192.00	183.00	-146.27	95.13	-362.64	332.69	270.25	180.48	

注：r 为本期农产品产量增量与上期价格指数间的相关系数。
资料来源：《中国统计年鉴》。

（一）劳动力转移规模和务农劳动力数量

从 20 世纪 80 年代中期开始，农村剩余劳动力逐渐向城市转移，胡枫将此过程划分为四个阶段，认为 1997 年之后，劳动力转移规模进入稳定时期①。劳动力转移非常复杂②，在统计上很难用准确的数据对此加以描述，现有文献和相关统计数据都是基于抽样调查的方法对转移规模进行统计推断，得到一个近似的数值。较早的文献认为中国农村剩余劳动力规模在 1 亿人左右③。蔡昉认为我国农村已越过刘易斯拐点，剩余劳动力规模不到 1.2 亿人，并且其中一半超过 40 岁④。为体现农村剩余务农劳动力的规模，用农村就业总人数减去其中在乡镇企业、私营企业工作的人数和个体的就业人数，该指标可以看作农村务农劳动人数的一个近似值（见图7 - 7）。图 7 - 7 显示 1990 年以来，农村务农劳动力人数持续下降，尤其是 2000 以后，下降速度逐年递增，2001 年相对于 2000 年的下降速度为 - 0.84%，而 2010 年相对于 2009 年的下降速度为 - 8.72%，这足以说明留在农村从事务农劳动者的规模明显减少。2010 年中国农村务农人数为 19638.71 万人，仅占农村总人口的 29.16%。

图 7 - 7　1990 年之后农村务农劳动人数变化趋势及增长率

资料来源：根据《中国统计年鉴》相关数据计算得到。

①　胡枫：《中国农村劳动力转移的研究：一个文献综述》，《浙江社会科学》2007 年第 1 期。
②　Zhang 等将农村劳动力的迁移分为四种类型，分别为：Migrant Wage Earners, Self-employed Migrants, Local Wage Earners, the Local Self-empolyed。
③　王红玲：《关于农业剩余劳动力数量的估计方法与实证分析》，《经济研究》1998 年第 4 期；王诚：《中国就业转型：从隐蔽失业、就业不足到效率型就业》，《经济研究》1996 年第 5 期。
④　蔡昉：《破解农村剩余劳动力之谜》，《中国人口科学》2007 年第 2 期。

（二）惠农政策与农产品价格波动

我国从 2004 年第一次发布中央一号文件开始，逐步提高农民收入成为中央政策的重要内容，在一号文件中，国家明确提出强化对农业支持保护，力争实现农民收入较快增长。近年来，国家采取税费改革、农业补贴、教育改革及医疗改革等各举措降低农民负担，提高农民收入水平。截至 2005 年 3 月，全国已有 26 个省份决定免征农业税，2006 年全国所有省份都取消农业税。在税费改革之前，我国农民除了要承担每年大约 400 亿元的税收之外，还要拿出 600 亿元承担农村的义务教育，以及其他不合理摊派费用[①]。近年来，我国加大了农村教育改革的力度，逐步减少并最终取消农村教育附加，改变农村基础教育的财政投入方式。从统计数据来看，2003 年全国征收的农村教育附加总额为 446253.1 万元，2006 年为 159174.6 万元，至 2007 年，我国所有省份均取消了农村教育附加，并逐步实行农村义务教育免费制度。2006 年，西部地区农村义务教育阶段中小学生全部免除学杂费，2007 年，中部地区和东部地区农村义务教育阶段中小学全部免除学杂费。各种农业补贴直接增加了农民的收入。2004 年，全国对种粮农民实行直接补贴，资金总额达 116 亿元，2005 年粮食直补金额达到 132 亿元，2007 年四项补贴之和为 513.6 元，2008 为 1274.5 亿元，约是 2007 年的两倍。农业补贴政策能否提高农民的生产积极性，并产生预期的政策效果，取决于采取哪种农业补贴方式，与农业产量直接挂钩的补贴方式对农业生产的作用更大。当前我国农业补贴有四种模式：安徽模式、吉林模式、河南模式、湖北模式[②]。前两种补贴模式不与农业产量挂钩，属于"脱钩"补贴方式，对鼓励农业生产的作用不大，河南模式属于"半挂钩"补贴，湖北模式属于"直接挂钩"补贴，这两种补贴方式在一定程度上能增加务农劳动者的生产积极性，提高农业产量。

---

① 改革发展研究院：《中国农村改革路线图》，世界知识出版社，2010。

② 马述忠等：《健全农业补贴制度——规则、模式与方案》，人民出版社，2010。

尤其是 2006 年之后，国家取消农业税以及加大各种补贴力度，大大减轻了农民负担。同时，务农劳动者的非务农收入增加，成为推动农产品价格上涨的一个外生因素，这与我国农产品价格在 2007 年及 2008 年大幅上涨的特征是一致的。

（三）劳动投入比例不同的农产品价格上涨

基于上文中农产品价格与务农劳动力人数的关系公式：

$$\frac{\partial P}{\partial N} = \frac{1}{a}\beta N^{\beta-1} l^\beta \left(1 + \frac{N}{l} \cdot l'_N\right)$$

令 $\frac{\partial P}{\partial N} = y$、$h = \frac{1}{a}N^{-1}\left(1 + \frac{N}{l} \cdot l'_N\right)$ $(h > 0)$，上式可写为：

$$y = -h\beta L^\beta$$

公式左边对产出弹性 β 求导可得：

$$\frac{\partial y}{\partial \beta} = -hL^\beta(1 + \beta \ln L) < 0$$

上式说明劳动力数量变动对价格的影响程度与产出弹性呈负相关的关系。如果在某一种农产品生产过程中，劳动投入比例越大，则相应的劳动产出弹性（β）越小，劳动力流动对其价格影响越大。表 7-5 是几种主要农产品的劳动力成本所占比重及生产价格指数，两者的相关系数 0.58，以此可以推测劳动力成本比重越高的农产品价格上涨越快。

表 7-5 几种重要农产品劳动力成本所占比重及生产价格指数

	水稻	小麦	玉米	大豆	油料	棉花	糖料	猪	蛋鸡	奶牛
A	0.43	0.35	0.46	0.44	0.52	0.57	0.44	0.13	0.04	0.10
B	188.25	173.83	174.24	200.71	240.13	204.34	135.83	157.14	166.95	155.27

注：A 为 2002~2010 年各类农产品劳动力成本所占比重的平均数；B 为 2010 年各类农产品生产价格指数（以 2002 年为基期计算），油料、糖料和猪的劳动力成本占比为相关农产品的平均水平，油料依据花生、油菜籽数据计算，糖料主要依据甘蔗和甜菜数据计算，猪包括规模养猪和农户散养猪两类。

五　结论

农产品价格持续上涨成为学术界关注的重点，已有文献从不同角度分析了引起这几次价格上涨的原因，如国际市场上相关产品价格的波动、气候变化和自然灾害以及原油价格上涨等。本章认为除了这些因素之外，还存在各类农产品价格普遍持续上涨更一般的原因，即农村劳动力的流动。本章基于经典的劳动供给模型分析了务农工资和农业补贴对务农劳动时间的影响，认为随着农村劳动力的流出，务农工资上涨及农业补贴增加导致的收入效应减少了农村总务农时间。在农业生产技术不变及对农产品需求缺乏弹性的假设下，务农时间的减少提高了农产品的价格。经济增长总是由一个均衡向另一个均衡转变的过程，农产品价格的上涨可理解为对原有相对价格体系的突破，是经济发展产生的资源重新配置的必然结果。若政府试图通过紧缩性的货币政策来控制物价，短期内虽然可以抑制物价水平的过快上涨，但长期执行紧缩性货币政策有可能带来经济的衰退。为降低农产品价格过度上涨，政府应加大对农业生产技术的投入，引导农民改变现有的土地经营方式，提高农业生产效率，减少农产品价格的波动。

第八章　农业要素投入、农产品价格与结构性通货膨胀

　　"没有什么手段比毁坏一个社会的通货能更隐蔽、更可靠地颠覆社会的现有基础了。在破坏的一方，这个过程完全是由隐蔽的经济规律力量进行的，而且，这个过程以一种在百万人中也没有一人能察觉到的方式进行。"[①] 相关理论认为通货膨胀对实际变量产生影响可能存在三种情况：①通货膨胀不影响实际变量；②货币具有资产转换效应，某种程度的通货膨胀会提高人均资本，进而提高增长路径上的人均产出；③周期性通货膨胀是有害的，通货膨胀会打破原有的均衡价格体系，导致资源配置无效率[②]。物价稳定是一个国家经济平稳运行的标志，各个国家都将控制物价水平作为经济调控的重要目标。林乐芬等利用传统的福利三角方法对通胀成本进行计算，发现 10% 通胀水平的成本是国内生产总值的 0.3% 到 1%[③]，后来的相关研究发现，这一方法其实低估了通胀的成本，陈彦斌等估算了中国通货膨胀的福利损失，认为高通货膨胀会带来较高的福利损失[④]，1996 年的通胀率为 108.3%，福利损失大约为当年消费的 13%，绝对数额达到了 2971.52 亿元，2005 年的通货膨胀率为 101.8%，福利损失减少了约 50%，占当年消费的 2.77%，控制通货膨胀、稳定物价水平是当时中国政府经济调控政策的主要导向，20 世纪 90 年代后期中国经济成功

---

① 凯恩斯：《就业利息和货币通论》，商务印书馆，1983。
② 弗里德曼等：《货币经济学手册（第 1 卷）》，经济科学出版社，2002。
③ 林乐芬等：《通货膨胀福利成本与福利效应研究评述》，《经济学动态》2008 年第 11 期。
④ 陈彦斌等：《中国通货膨胀的福利成本研究》，《经济研究》2007 年第 4 期。

实现了"软着陆"，抑制了短期通货膨胀。政府对经济的宏观调控固然有利于经济的良好运行，但制定任何一种经济调控政策首先必须知道问题产生的原因，才能保证政策的针对性和政策效果，否则可能因为政策的失误给经济发展造成不良影响。本章首先在剖析了农业生产资料价格与农产品价格关联性的基础上，基于 2006～2012 年月度数据，利用 VAR 模型分析了两者的数量关系，并在模型中加入了货币供给量以及原油价格变量，其次分析了 21 世纪初我国农产品价格上涨对一般物价水平上涨的贡献和通货膨胀的结构性特征。研究结果表明，随着农村劳动力转移规模的扩大，农业生产资料价格影响农产品价格的权重增加，农业生产资料价格上涨会带来农产品价格的上涨，农产品价格具有较强的时间惯性，扣除其自身因素，货币供给量和原油价格的影响较小。农产品价格上涨是中国结构性通货膨胀的主要推动力，政府仅通过减少货币供给量不能完全控制通货膨胀。

一　劳动力转移背景下农业资本要素投入与价格变动

农产品价格上涨是农业经济研究中备受关注的现象，由于农产品需求弹性较低，其价格上涨增加了居民的生活成本，影响了消费支出结构。与农业发达国家相比，中国在农产品生产过程中，劳动力投入比例较大，农村大规模富余劳动力成为农产品价格能够在很长时间内相对稳定的一个重要原因。农村劳动力转移是农民增加收入、实现脱贫致富的主要途径，但随着转移规模的扩大，农业生产也暴露出许多问题，给农村经济社会发展带来困扰。近年来，我国许多农村地区出现了"空心村"现象，农户家里常年无人居住，有人居住的农户通常也只剩下老人、小孩以及为数不多的留守妇女，这样的人口结构严重制约了农业生产的发展。依据调查数据发现农村存在以下几个问题。①劳动力数量缺乏。在调查的 75 户家庭中，家庭总人数共有 370 口人，余留劳动力仅 124 人，占总人数的 33.51%。

②农业劳动力老龄化现象严重。数据显示，在剩余劳动力 124 人中，60 岁以上人数共有 63 人，占 50.80%。③农业劳动力女性化突出。数据显示，剩余劳动力中男女人数比例为 104∶115，在体力活中，女性劳动力已经渐渐超过男性劳动力。④农业劳动力文化程度低。在调查得到的数据中余留劳动力的文化程度普遍较低，文盲 31 人，占 25%；小学 42 人，占 33.87%；初中 42 人，占 33.87%；高中 7 人，占 5.65%；高中以上 2 人，占 1.61%。农村剩余劳动力数量减少，导致单位土地上劳动力数量减少，继续留在农村从事务农劳动的主要是生产率相对较低的劳动者，加之农村劳动力用工价格上涨，人力及畜力替代型农业资本要素投入比例越来越大①。一般而言，对劳动力具有替代作用的农业生产资料主要有两类：一类是农业机械，是替代劳动力的主要农业投入要素；另一类是农业生物化学技术，主要用于节约土地这类稀缺农业资源，但对劳动力也具有一定的替代作用。从三种粮食的平均成本构成来看，2006 年每公顷土地投入的物质费用为 3371.25 元，到 2011 年上升到 5375.4 元，上涨了近 60%，以化肥为例，2006 年每公顷土地化肥折纯用量为 314.4 千克，2011 年为 345.45 千克，增加了 31.05 千克。依据小样本的调查数据得出每亩地耕种一次平均投入 607.67 元，其中农药 72.44 元，占 11.92%，化肥 196.33 元，占 32.31%，农业机械投入（自有和租用）144.25 元，占 23.74%，雇佣劳力 120.65 元，占 19.85%，其他花费 74.00 元，占 12.17%。随着劳动力的减少和家庭务工收入的增加，机械的使用越来越普遍，农业机械使用越来越多，从东北平原的大型收割机到南方的柴油收割机，收割机的大小不一、灵活多样，适应各种地形地貌对不同类型农业机械的需要。调查数据显示农业资本要素投入情况见表 8-1。

---

① 农业生产中的劳动成本分为家庭提供的劳动折算和雇佣劳动力的价格，统计年鉴中对这两部分的核算通常比实际水平要低，随着农村劳动力的转移，农村雇佣劳动力的价格已出现较快的上升。阮荣平：《农产品成本变动文献综述》，《江淮论坛》2009 年第 6 期。

表 8 - 1　农业资本要素投入

调查地区	平均每亩每年资本要素投入（元）
湖南省吉首市	529.55
江西省九江市	396.15
江西省新余市	561.11
四川省自贡市	441.60
海南省三亚市	652.50
江西省南昌市	520.71

农业要素投入结构变动增加了非劳力农业投入要素价格对农产品价格影响的权重，成为影响农产品价格的重要因素。对于农业机械使用而言，即使原材料价格波动不大，机械购买价格可能会因为制造技术的进步而下降，但机械使用过程中的油料价格容易受原油价格波动的影响，这会间接地传递到农产品价格中。如一些化肥的生产依赖于不可再生的自然资源，随着这些资源的日益枯竭，如果没有替代性的资源，其价格必然上涨，从而也会推动农产品价格上涨。

二　农业生产资料价格影响农产品价格上涨的实证研究

中国人口众多，农业人口所占比例大，但耕地面积有限，很长时间内包括粮食在内的很多农产品供给不足，影响到居民的基本生活需求。农产品及其加工产品是居民的生活必需品，具有较低的收入弹性，与发达国家相比，中国居民的人均收入水平较低，从反映消费结构的恩格尔系数来看，食品及其他生活必需品的消费在总消费中的比重偏高（见图 8 - 1），这些商品的价格对居民生活水平的影响很大，尤其是对中低收入阶层的居民生活影响更加明显。

1949 年至改革开放之前，中国实行的是高度集中的计划经济体制，政府对农产品的生产、销售以及价格进行严格控制，1978 年之后，才逐步放

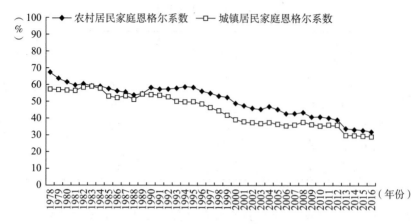

图 8 - 1 1978 ~ 2016 年居民消费的恩格尔系数趋势
资料来源:《中国统计年鉴》。

开对农产品价格的管制,市场成为决定农产品价格的主要机制。截至 2004 年,随着国家对粮食产品价格的放开,所有农产品价格均由市场决定,政府不再直接干预农产品价格。改革开放以后,农产品价格总体处于上升趋势(见图 8 - 2),但在每个阶段又表现出不同的特征,徐雪高将这一时期的农产品价格变动分为 6 个周期[①],认为每个周期的波动特征不同,2007 年之后农产品价格上涨是第 6 个周期的开始。农产品价格在经历了 20 世纪末急速下跌之后,于 2003 年开始新一轮持续上涨,尤其在 2004 年、2007 年和 2008 年三个年份,价格总指数均在 110 左右,远高于其他商品价格上涨幅度。

进入 21 世纪以来,农业生产资料价格也表现出明显的上涨趋势,尤其是一些在生产中依赖于不可再生资源的农业生产资料的价格上涨更快。以 2006 年为基年,2011 年农业生产资料价格总指数为 144.6,其中上涨较快的是饲料、农业机油和化学肥料等,饲料价格指数为 149.4,农业机油和化学肥料的价格指数分别为 137.3 和 142.5。根据成本加成定价法,假定其他生产条件不变,投入要素价格上升通过提高生产成本提高产品的价

---

① 徐雪高:《新一轮农产品价格波动周期:特征、机理及影响》,《财经研究》2008 年第 8 期。

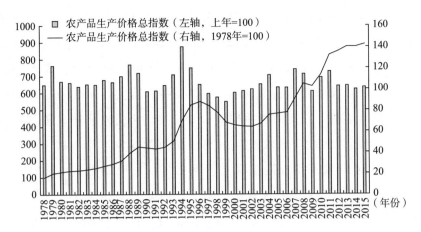

图 8 - 2　农产品生产价格总指数（1978 = 100）

资料来源：根据各年《中国统计年鉴》数据计算得到。

格，在同一时期，农产品价格上涨和农业生产资料价格上涨表现出了相似的趋势，两者的相关系数达到了 0.97，几乎是完全正相关，这足以说明两者价格变动的关联程度（见图 8 - 3）。

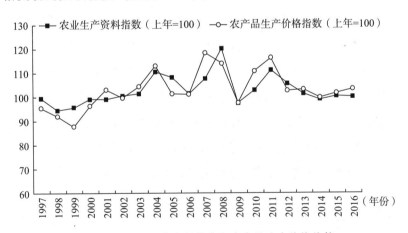

图 8 - 3　农业生产资料价格和农产品生产价格趋势

资料来源：根据国家统计局统计数据库相关数据计算得到。

我国农产品价格上涨过程具有两个明显的特征：一是农产品价格普遍上涨，而不是某一种农产品价格上涨，虽然每次价格上涨最快的农产品不同，但几乎所有农产品价格都存在上涨的趋势；第二是农产品价格持续上涨，而不是某一次暂时的价格上涨，基于这一特点，部分学者认为近年来的通货膨胀应该看作一次相对价格的调整，是农产品价格向自身价值的回归。实际上，影响农产品价格的因素是多方面的，比如国际同类产品价格、原油价格以及货币供给数量等[1]，相关研究也关注了农业生产中的非劳动力成本如能源、化肥、机械作业费等价格的上升对农产品价格上涨的影响[2]，虽然可以说明部分农产品或某一次短暂的农产品价格上涨，但很难对过去近10年农产品价格普遍上涨做出于一般性说明。本章依据2006年1月至2012年12月的月度数据，基于非约束的VAR时间序列模型，将农产品价格、农业生产资料价格、原油价格及货币发行数量看作一个相互影响的经济系统[3]，分析了农产品价格上涨与农业生产资料价格以及其他变量之间的关系，证明农业生产资料的价格上涨是近年来推动农产品价格普遍持续上涨的重要因素。

（一）模型验证

由于经济变量之间存在复杂的动态联系，在建立计量模型对它们之间的因果关系进行检验时，往往很难区分外生变量和内生变量，为了解决这一问题往往需要建立非结构化模型来描述变量之间的关系。向量自回归模型（VAR）把系统中每一个内生变量作为系统中所有内生变量滞后值的函数来构建模型，分析时间序列系统的相互联系以及随机扰动对系统的动态冲击。本书利用VAR模型验证农产品价格、农业生产资料价格、货币供给量、原油价格之间动态联系，模型表述如下：

---

① 胡冰川等：《国际农产品价格波动因素分析——基于时间序列的经济计量模型》，《中国农村经济》2009年第7期。

② 方松海等：《当前农产品价格上涨的原因分析》，《农业经济问题》2008年第6期；张唯婧：《中国农产品价格波动影响因素研究——基于VAR模型的协整分析》，《价格月刊》2011年第8期。

③ 最终之所以没有将国际农产品价格放入模型的原因在于作者在试图加入国际农产品价格波动的工具变量之后，并没有改善模型质量，参数估计也没有显著性。

$$\begin{vmatrix} Appi_t \\ Ampi_t \\ Mi_t \\ Coi_t \end{vmatrix} = \alpha_0 + \sum_{i=1}^{n} \beta_i \begin{vmatrix} Appi_{t-i} \\ Ampi_{t-i} \\ Mi_{t-i} \\ Coi_{t-i} \end{vmatrix} + \varepsilon_t$$

以上模型中，$Appi$、$Ampi$、Mi、Coi 分别为农产品批发价格指数、农业生产资料价格指数、货币供给量指数和原油进口价格指数（农产品批发价格指数根据中国农业信息网发布的年度数据整理得到，农业生产资料价格指数源于 CNKI 中国经济社会发展统计数据库，货币供给数量指数根据中国人民银行网站提供的货币供给量（M1）计算得到，原油进口价格指数根据《中国经济景气指数月报》相关数据计算得到）。所有数据均为 2006 年 1 月至 2012 年 12 月的月度数据，不存在季节因素，不用进行季节调整。

1. 数据的平稳性及协整检验

在建立 VAR 模型之前，首先对各时间序列进行平稳性检验，检验方法采取较常用的 ADF 检验法，对各时间序列的水平值和一阶差分值进行检验。检验结果（见表 8-2）说明所有变量均含有一个单位根，即为一阶单整。

表 8-2　各变量平稳性检验结果

变量	变量值	T 统计量	P 值	滞后阶数
Appi	水平值	-2.369	0.3251	8
	一阶差分	-4.195*	0.0013	11
Ampi	水平值	-2.339	0.2524	3
	一阶差分	-5.496*	0.0001	1
Mi	水平值	-2.064	0.2598	3
	一阶差分	-3.083*	0.0318	2
Coi	水平值	-2.473	0.1612	1
	一阶差分	-4.643*	0.0003	1

注：* 为在 5% 置信水平下通过平稳性检验。

当一组具有相同单位根的变量存在协整关系时，基于水平值的向量自回归模型不存在错误识别问题，最小二乘法得到的参数估计结果是一致的[1]。现利用 JJ 方法检验以上变量的协整关系，检验结果说明变量之间至少存在两个协整变量，协整关系成立（见表 8 - 3）。

表 8 - 3   变量协整检验结果

原假设	特征值	迹统计量	P 值	最大特征根统计量	P 值
不存在协整向量	0.5112	122.8592 *	0.0000	55.8403	0.0000
至多存在 1 个协整向量	0.3794	67.0188 *	0.0003	37.2113	0.0022
至多存在 2 个协整向量	0.1932	29.8075	0.0499	16.7451	0.1844

注：* 为在 5% 的置信水平上拒绝原假设。

2. 建立非约束向量自回归模型（VAR）

在非约束 VAR 模型中，由于在模型的右边仅仅包含内生变量的滞后值，不存在同期相关性问题，即使扰动项同期相关，用普通最小二乘法也能得到一致且有效的估计量。滞后期的选择利用 AIC 准则和 SC 准则以及考虑模型的经济学意义，最后选择滞后 3 期值作为模型的解释变量。本模型 AR 根的倒数均小于 1，位于单位圆内（见图 8 - 4），说明 VAR 模型是稳定的。通过观察依据以上各时间序列变量建立的 VAR 模型参数估计结果可以得到以下几个结论：各时间序列都表现出强烈的惯性，其滞后值对当期值具有较强的解释力，参数估计量的 T 统计值具有显著性；农业生产资料价格波动对农产品批发价格具有很强的解释力，在选择的滞后 3 期模型中，滞后 1 期和滞后 2 期参数估计 T 统计量显著，滞后 1 期的系数大于 0，而滞后 2 期的系数小于 0；从计量模型看，其他内生变量滞后期值的参数估计结果表明它们对农产品价格的影响较小。

---

[1] Sims, C. A., Stock, J. H., Watson, M. W., "Inference in Linear Time Series Models with Some Unit Roots", *Econometrica* 58 (1), 1990.

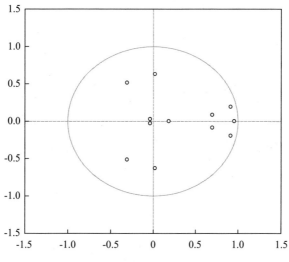

图 8 - 4　VAR 模型稳定性检验（AR 根分布）

3. 脉冲响应函数和方差分解

为说明当内生变量产生某种冲击时对系统的动态影响，需要利用脉冲响应函数分析扰动项的变动是如何传递到各个变量的，以说明该冲击对其他变量影响的变化趋势。从模型的脉冲响应函数图来看，农业生产资料价格冲击对农产品价格的影响在前 2 期上升较快，从第 3 期开始，其影响慢慢变弱，到 12 期时趋于 0，结果说明了农产品价格对农业生产资料价格冲击的正向响应。农产品价格对来自原油价格的波动在第 1 期、第 3 期和第 4 期大于 0，12 期之内的其他时间都小于 0（见图 8 - 5）。而农产品价格对来自货币供给冲击的响应在 12 期之内都是负的，说明货币供给增加未必能导致农产品价格的上涨。右边的脉冲响应图表明农业生产资料价格对来自农产品价格和原油价格的冲击响应首先是上升的，然后趋于下降，对来自货币供给量的冲击，在第 1 期为正，后面 11 期均为负，说明货币也不是导致农业生产资料价格上涨的原因（见图 8 - 6）。

方差分解是通过某个变量基于冲击的方差对被解释变量方差的相对贡献度来观测这个变量对被解释变量的影响程度，从而评价不同变量冲击的重要性。方差分解图显示，对于农产品价格上涨，从第 3 期开始，农产品

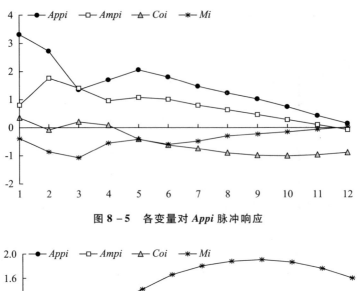

图 8 – 5　各变量对 *Appi* 脉冲响应

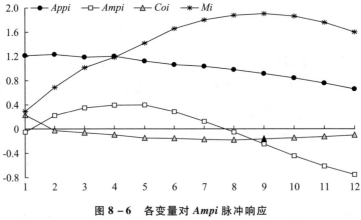

图 8 – 6　各变量对 *Ampi* 脉冲响应

价格自身的影响减弱，农业生产资料价格的影响迅速增强（见图 8 – 7）。随着时间的推移，原油价格对农产品价格的影响程度缓慢上升，12 期之后逐渐变得平稳。通过方差分解发现，扣除农产品价格自由的惯性，农业生产资料价格波动对农产品价格的影响所占权重是最大的，并在第 3 期之后就变得相对稳定（见图 8 – 8）。农业生产资料价格波动的方差分解图显示随着时间推移，农产品价格影响程度逐渐上升，其自身价格波动的惯性下降，在 15 期之后各变量的冲击对农业生产资料价格的影响程度变得平稳。

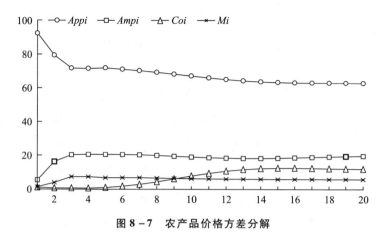

图 8 - 7　农产品价格方差分解

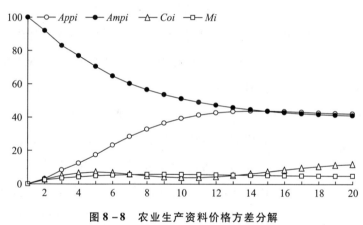

图 8 - 8　农业生产资料价格方差分解

（二）实证结果分析与预测

计量经济学模型分析结果表明农产品价格具有较强的时间惯性，扣除自身因素，无论是从长期还是短期来看，农业生产资料价格是影响农产品价格上涨的主要因素之一，货币供给量和原油价格波动虽然对农产品价格有影响，但影响程度并不大。随着城市农民工工资的上涨，农村劳动力转移的规模将会越来越大，国家统计局《2013 年全国农民工监测调查报告》显示，全国农民工总量为 26894 万人，比 2012 年增加 633 万人，增长 2.4%，但低于 2012 年 3.9% 的增长率，这从数据上验证了农村劳动力转移规模逐步扩大但转移速度下降的趋势①。短期内，在农产品价格上涨的激励下，部分农民工会回乡务农，增加农产品的供给，抑制农产品价格的过快上涨。但是长期来看，在农业贸易条件不利及比较收益下降的情况下，农业劳动力减少是必然趋势。为保证农产品供给，稳定农业产量，劳力替代型农业生产资料的投入数量必然会增加，如农业机械的使用、农业生化技术的投入，这一趋势将继续提高农业生产资料价格在影响农产品价格中的比重。因此只要农业生产资料价格上涨，农产品价格上涨也就是必然的，当然前提是相比农业生产资料价格上涨的幅度，农产品价格上涨能保证农民获得收益。从相关的月度数据看，2013 年 1 月至 2014 年 4 月农产品价格波动较大，最高的月份是 2013 年 10 月，同期价格指数为 109.6，最低的月份是 2013 年 3 月，农产品批发价格指数为 96.9，但总体趋势是下降的，这可能是对农产品价格上涨的预期增加了农产品的供给带来的结果。同期内，农业生产资料价格在大部分月份仍然处于上行趋势，但上涨的幅度越来越小，在 2014 年 1 月至 4 月已经出现了下降的趋势。虽然从单个月份的数据来看两者的相关性不强，但整体变动趋势是吻合的（见图 8-9）。可以预测，长期内在农村劳动力转移规模逐步扩大的背景下，随着非劳力畜力农业生产资料投入的增加，其价格变动必然成为影响农产品价格变动的主要因素之一，两者的变动趋势会表现出较强的相关性，当然这种相关性在数据上的表现也会受到农村劳动力返乡、农产品价格预期、自然灾害、季节因素等其他影响农产品供求因素的干扰。

任何一种商品的价格都不可能永久停留在一个水平，价格波动的原因来自影响供给和需求的各个方面。伴随着近年来的农产品价格上涨，已有研究做出了各种解释，本书在不完全否定已有解释的基础上，从农业生产资料价格上涨在角度提供了一个补充性的解释。通过本章的分析发现，虽然农业生产资料价格上涨在很大程度上能解释农产品价格上涨，但也发现

---

① http://www.stats.gov.cn/tjsj/zxfb/201405/t20140512_551585.html.

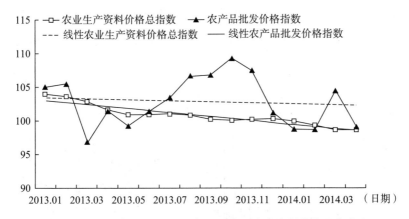

**图 8 - 9　2013 年 1 月至 2014 年 4 月农业生产资料价格总指数和
农产品批发价格指数**

长期看来其解释力仅有 20% 左右，而其他几个变量的解释力更低。在计量模型中，农产品价格表现出强烈的惯性，意味着应该还包含着未分离出的其他解释变量，当前从农业投入要素角度解释农产品价格的研究中，所忽略的两个重要方面是农村劳动力成本和土地成本的变动，这是未来的一个研究方向。

三　结构性通货膨胀

我国农产品价格上涨趋势明显（只在 2009 年由于受金融危机影响而有小幅下跌），并成为拉动物价上涨的主要动力[1]，据相关研究估算，扣除能源类产品和农产品的价格上涨之后的核心通胀率远低于公布的通货膨胀率[2]，这充分说明了农产品价格对通货膨胀的贡献程度。我国经济体制改革改变了原有中央集权式计划经济体制，资源配置方式由中央计划统一调配模式向以价格为主导的市场体制调配方式转变，在经济体制转轨

---

[1]　谭本艳等：《我国 CPI 波动的长期驱动力与短期驱动力——基于 CPI 分类指数的分析》，《统计研究》2009 年第 1 期。

[2]　侯成琪等：《核心通货膨胀：理论模型与经验分析》，《经济研究》2011 年第 2 期。

的过程中，物价上涨的特征与很多国家在经济发展初级阶段所表现出来的特征相似。以 1978 年为基期，2016 年居民消费物价指数达到了800.96（见图 8 - 10）。

图 8 - 10　1978～2015 年居民消费价格指数趋势

资料来源：《中国统计年鉴》。

　　通货膨胀是我们这个时代最迫切面临的却又经常被误解的问题[1]，各国经济发展的经验表明在经济发展的各个阶段，通货膨胀和通货紧缩交替出现。改革开放之后，通货膨胀与国内生产总值的增长如影随形，2003 年之后，随着农产品价格的上涨，居民消费价格指数出现了又一次的持续上涨，2004 年、2007 年和 2008 年，居民消费价格指数（上年 = 100）分别为 103.9、104.8 和 105.9。与之前的几次通货膨胀相比，2003 年之后的通货膨胀表现出了不同的特征。①居民消费价格指数上涨速度相对平缓，但持续时间长。②通货膨胀表现出明显的结构性特征[2]，以农产品价格为基础的食品价格上涨是物价上涨的直接诱因，而非食品价格涨幅不大，如服装、电子产品等。表 8 - 4 提供的经验证据可以说明 CPI 的上涨并不是所

---

[1]　Raj, M., "Inflation and Its Cures", 2010.

[2]　纪敏等：《结构性价格上涨的结构和总量分析视角》，《经济学动态》2010 年第 7 期。

有商品价格上涨，在构成 CPI 的 8 个二级项目中①，价格上涨最明显的是食品和居住。③受全球金融危机的影响，2009 年整体物价下跌。

表 8 - 4　各类商品消费价格指数（上年 = 100）排序

年份	2004		2007		2008		2010	
排序	名称	指数	名称	指数	名称	指数	名称	指数
1	食品	109.9	食品	112.3	食品	114.3	食品	107.2
2	居住	104.9	居住	104.5	居住	105.5	居住	104.5
3	娱乐教育文化用品及服务	101.3	医疗保健及个人用品	102.1	医疗保健及个人用品	102.9	医疗保健及个人用品	103.2
4	烟酒及用品	101.2	家庭设备用品及维修服务	101.9	烟酒及用品	102.9	烟酒及用品	101.6
5	医疗保健及个人用品	99.7	烟酒及用品	101.7	家庭设备用品及维修服务	102.8	娱乐教育文化用品及服务	100.6
6	家庭设备用品及服务	98.6	衣着	99.4	娱乐教育文化用品及服务	99.3	家庭设备用品及维修服务	99.99
7	交通和通信	98.5	交通和通信	99.1	交通和通信	99.1	交通和通信	99.7
8	衣着	98.5	娱乐教育文化用品及服务	99.0	衣着	98.5	衣着	99.0
CPI	103.9		104.8		105.9		103.3	
年份	2011		2012		2013		2014	
排序	名称	指数	名称	指数	名称	指数	名称	指数
1	食品	111.8	食品	104.8	食品	104.7	食品	103.1
2	居住	105.3	衣着	103.1	居住	102.8	衣着	102.4
3	医疗保健及个人用品	103.4	烟酒及用品	102.9	衣着	102.3	居住	102

① 国家统计局根据全国 12 万户城乡居民家庭消费支出的抽样调查资料统一确定商品和服务项目的类别，设置食品、烟酒及用品、衣着、家庭设备用品及服务、医疗保健及个人用品、交通和通信、娱乐教育文化用品及服务、居住 8 大类 262 个基本分类，涵盖了城乡居民的全部消费内容。目前美国的 CPI 分为 8 大类 211 个基本分类、加拿大为 8 大类 169 个基本分类、日本为 10 大类 585 个代表规格品、澳大利亚为 11 大类 87 个基本分类。

续表

年份	2011		2012		2013		2014	
排序	名称	指数	名称	指数	名称	指数	名称	指数
4	烟酒及用品	102.8	居住	102.1	娱乐教育文化用品及服务	101.8	娱乐教育文化用品及服务	101.9
5	家庭设备用品及服务	102.4	医疗保健及个人用品	102	家庭设备用品及维修服务	101.5	医疗保健及个人用品	101.3
6	衣着	102.1	家庭设备用品及维修服务	101.9	医疗保健及个人用品	101.3	家庭设备用品及维修服务	101.2
7	交通和通信	100.5	娱乐教育文化用品及服务	101.5	烟酒及用品	100.3	交通和通信	99.9
8	娱乐教育文化用品及服务	100.4	交通和通信	99.9	交通和通信	99.6	烟酒及用品	99.4
CPI	105.4		102.6		102.6		102	

年份	2015		2016	
排序	名称	指数	名称	指数
1	衣着	102.7	食品	104.6
2	食品	102.3	医疗保健及个人用品	103.8
3	烟酒及用品	102.1	娱乐教育文化用品及服务	101.6
4	医疗保健及个人用品	102	居住	101.6
5	娱乐教育文化用品及服务	101.4	烟酒及用品	101.5
6	家庭设备用品及维修服务	101	衣着	101.4
7	居住	100.7	家庭设备用品及维修服务	100.5
8	交通和通信	98.3	交通和通信	98.7
CPI	101.4		102	

资料来源：表中排序结果根据《中国统计年鉴》中相关数据整理得到。

从编制 CPI 的各个构成项目来看，2004 年、2007 年以及 2008 年的价格变动表现出的特征相似。2004 年，在 8 个二级项目中，价格上涨和价格下跌的项目数量各占一半，其中食品的价格上涨最为明显，消费价格指数达到了 109.9，其次是居住，消费价格指数是 104.9。在食品这个项目中，粮食的消费价格指数最大，为 126.4，其中大米为 133.2，面粉为 124.1。其他上涨较快的食品还包括：干豆类及豆制品为 120.5、蛋为 120.2、油脂

118.2、肉禽及其制品为 117.6、水产品为 112.7，而菜的消费价格指数为 95.1（见表 8-5）。而在居住这个项目中，水电燃料的消费价格指数达到了 107.5，自有住房价格只有 100.9。不难发现，2004 年农副产品以及居住的水电燃料的价格波动对整个物价水平的波动影响最大。以 2006 年为基期，2007 年的 CPI 为 104.8，各个项目的价格波动与 2004 年的情况相似，其中有 5 个项目价格上涨，3 个项目价格下跌。其中涨幅最大的是食品和居住，消费指数分别为 112.3 和 104.5，前者高于 2004 年，后者与 2004 年大致持平，这说明食品这个项目对整个物价水平变化的影响更大。同时我们也注意到，从更具体的项目来看，两个年份的差异很明显，2007 年食品这个项目下，价格上涨最快的是：肉禽及其制品消费价格指数上涨为 131.7、油脂为 126.7、蛋为 121.8、菜为 107.9 以及粮食为 106.3。2007 年菜的价格上涨，而 2004 年菜的价格下跌。与 2004 年相比，2007 年居住这个项目价格变动结构发生很大变化。2007 年，居住的价格波动总体上大于 2004 年，其中自有住房的价格波动最大，消费价格指数为 107，波动最小的是水电燃料，为 103。2008 年，CPI 及其以下很多项目的消费价格变动延续了 2007 年的趋势。涨幅最大的仍然是食品（消费价格指数为 114.3）和居住（消费价格指数为 105.5），在食品这个项目下，价格上涨最快的包括：干豆类及豆制品消费价格指数为 134.4、油脂为 125.4、肉禽及其制品为 121.7、液体乳及乳制品为 117.0、水产品为 114.2、淀粉为 111.2。2008 年食品这个项目整体物价上涨幅度要高于 2007 年，之前价格上涨不明显的项目 2008 年也表现突出，比如液体乳及乳制品消费价格指数为 117.0、淀粉为 111.2、在外用膳食品为 111.8。居住这个项目下，价格上涨最快的是建房及装修材料（消费价格指数为 107.1），自有住房的价格上涨幅度最小，为 102.8，这一新特征与 2004 年和 2007 年表现不同。2008 年的价格上涨表现出两个趋势，之前价格上涨的项目仍在持续，之前价格上涨不明显的部分项目 2008 年也表现出明显的上涨趋势。比较 CPI 上涨较快的三个年份，不难发现食品和居住两个项目是拉动 CPI 上涨的主要动力,这是共同特征,不同之处在于子项目的价格波动。比如食品这个项目下,2004 年上涨最快的是大米,2007 年上涨最快的是肉禽及其制品,到 2008 年,上涨最快的是干豆类及豆制品这个项目。另外在居住这个项目下也一样,虽然总体价格上涨,但上涨结构不同,2004 价格上升最快的是水电燃料,2007 年是自有住房,到 2008 年则是建房与装修材料。受国际金融危机影响,2009 年总体物价指数下跌,为 99.3。2010 年,物价指数再次上涨,居民消费价格指数为 103.3。全年来看,价格上涨最快的是食品和居住两个项目,消费价格指数分别为 107.2 和 104.5,其他几个项目的价格变动不大。从结构来看,食品这个项目下,菜的价格上涨最快,消费价格指数为 118.5,其次是干鲜瓜果和粮食,消费价格指数分别为 114.6 和 111.8。与食品和居住相比,2010 年衣着、家庭设备用品及服务、交通和通信的价格都是下跌的,消费价格指数分别为 99.02、99.99、99.7。2010 年,拉动总体物价上涨的还是农产品和居住,尤其是菜、干鲜瓜果以及粮食价格的上涨。

表 8 - 5 2004 ~ 2016 年各类商品消费价格指数（上年 = 100）排序

排序	2004 年		2007 年		2008 年		2010 年	
	项目名称	指数值	项目名称	指数值	项目名称	指数值	项目名称	指数值
1	粮食	126.4	肉禽及其制品	131.67	干豆类及豆制品	134.42	菜	118.5
2	干豆类及豆制品	120.5	油脂	126.71	油脂	125.37	干鲜瓜果	114.6
3	蛋	120.2	蛋	121.80	肉禽及其制品	121.73	粮食	111.8
4	油脂	118.2	干豆类及豆制品	108.01	液体乳及乳制品	117.03	干豆类及豆制品	109.2
5	肉禽及其制品	117.6	菜	107.87	水产品	114.16	糖	108.3
排序	2011 年		2012 年		2013 年		2014 年	
	项目名称	指数值	项目名称	指数值	项目名称	指数值	项目名称	指数值
1	干鲜瓜果	115.9	菜	113.7	菜	108	干鲜瓜果	114.1

续表

排序	2011 年		2012 年		2013 年		2014 年	
	项目名称	指数值	项目名称	指数值	项目名称	指数值	项目名称	指数值
2	粮食	112.2	糖	104.2	干鲜瓜果	105.9	干豆类及豆制品	104
3	糖	111.2	粮食	104	干豆类及豆制品	105.3	粮食	103.1
4	干豆类及豆制品	105.4	干豆类及豆制品	102	粮食	104.6	糖	100.1
5	菜	101.1	干鲜瓜果	100.1	糖	100.5	菜	99.2

排序	2015 年		2016 年	
	项目名称	指数值	项目名称	指数值
1	菜	106.8	菜	110.9
2	干豆类及豆制品	102.4	糖	101
3	粮食	102	干豆类及豆制品	100.9
4	糖	100.4	粮食	100.5
5	干鲜瓜果	97.6	干鲜瓜果	98.2

资料来源:《中国统计年鉴》。

国内部分学者认为 2012 年之前中国出现的通货膨胀主要是因为宽松的货币政策引起的。然而,这几次通货膨胀并不仅是一般物价水平的上涨,而表现为以农产品价格上涨为主,据测算,扣除食品和能源商品的价格波动之后,2007 年下半年至 2008 年 4 月,中国核心通货膨胀率仅为1.1%[①],无论是从长期还是短期来看,食品价格的上涨始终是 CPI 上涨的主要驱动力。与货币主义的通货膨胀理论不同,研究结构性通货膨胀的学派关注不同部门商品的价格上涨以及价格上涨的长期趋势,该理论认为不同部门生产率差异和工资刚性导致了通货膨胀。最早将价格上涨的长期趋

---

① 史蒂芬·罗奇:《中国与核心通货膨胀》,《华尔街日报》亚洲 2008 年 4 月 1 日。核心通货膨胀率(Core Inflation)在 20 世纪 70 年代被提出来,是指扣除食品和能源价格后的消费物价指数,反映通货膨胀的长期趋势。

势与结构因素联系起来研究的是 Streeten[1] 和 Baumol[2]，之后 Maynard 和 Ryckeghem 完善了该理论假说。结构性通货膨胀理论假定经济中存在两个生产率不一致的部门，一个是生产率上升较快的"先进"部门，通常是指工业部门，另一个是相对落后的"保守"部门，可以是服务部门，也可以是农业部门，在"先进"部门和"保守"部门生产率增加不一致的假定下，整个经济货币工资增长率的一致性导致对"保守"部门一个持续的成本压力，因为它的生产率相对低。在"保守"部门，通常采取价格加成的原则定价，导致整个经济成本产生推动式的通货膨胀，从价格变动来看，"保守"部门的供给价格相对于"先进"部门的供给价格提高了。这在理论上还有一个核心假定：对"保守部门"的产品需求价格弹性小。后来，输入型通货膨胀模型在鲍莫尔模型的基础之上，建立了两部门经济模型，用于分析开放经济的结构性通胀问题。

四 食品价格与通货膨胀：基于数据的分析

从初级农产品到加工农产品价格的演变称为农产品价格传递[3]，当市场满足一定条件时，会出现"农产品价格放大化"，即农产品价格并不能反映市场供需变动，而是出现了价格的超调[4]。实际上，随着我国市场经济体制的完善以及放开对农产品价格的管制，很难认为仍然存在价格超调的市场条件。图 8 - 11 表明了 2000 年之后农产品生产价格指数与食品类消费价格指数基本一致的变动趋势，共同的变化趋势至少说明短期内两者之间的价格传递过程是相似的，相当程度上，农产品价格上涨带动了食品类

---

① Streeten, P., "Wages, Pricesand Productivity", *Kyklos* 15 (4), 2010.
② Baumol, W. J., "Macroeconomics of Unbalanced Growth: The Anatomy of Urban Crisis", *The American Economic Review* 57 (3), 1967.
③ Gardner, B. L., "The Farm-Retail Price Spread in a Competitive Food Industry", *American Journal of Agricultural Economics* 57 (3), 1975.
④ 辛贤等：《农产品价格的放大效应研究》，《中国农村观察》2000 年第 1 期。

商品的价格上涨。

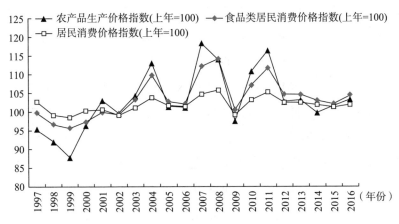

图 8 - 11 1997 ~ 2016 年三种价格指数变动趋势

资料来源：国家统计局统计数据库。

以上分析表明 2003 年之后不同商品价格变动差异很大，以农产品价格为基础的食品价格上涨迅速。从初级农产品到加工农产品（主要指以初级农产品作为主要原材料的食品）的价格演变称为农产品价格传递，不能简单将食品价格看作农产品价格的一个加成，不同市场条件下，价格传递过程也不同[①]。当市场不满足完全竞争市场假设时，会出现"农产品价格放大化"，即农产品价格变动并不能反映市场供给和需求的变动，而是出现了价格的超调。柯炳生认为我国粮食市场价格具有高灵敏性，不能完全依据农产品价格的变动来判断农产品市场的供给变化，原因在于粮食具有较低的供给价格弹性，并且出售的粮食产量仅仅是农民在扣除自用和定购之后的剩余部分[②]。辛贤等以猪肉为对象，通过经验研究认为如果猪肉市场变化源于需求，则农产品价格具有放大效应，如果生产方面发生变动，则不存在猪肉价格的放大效应[③]。实际上，随着中国市场经济体制的完善

① Gardner, B. L., "The Farm-Retail Price Spread in a Competitive Food Industry", *American Journal of Agricultural Economics* 57 (3), 1975.

② 柯炳生：《我国粮食市场上的价格信号问题》，《中国农村经济》1991 年第 6 期。

③ 辛贤等：《农产品价格的放大效应研究》，《中国农村观察》2000 年第 1 期。

和对农产品价格管制的放开，很难认为仍然存在农产品价格超调的市场条件。改革开放以来，中国农产品市场体系逐步完善，已初步形成了以集贸市场为基础、以批发市场为中心、以期货市场为先导的农产品市场体系。截至 2009 年底，全国亿元以上的农产品专业批发市场发展到 946 家，比2004 年增长 1.4 倍，2010 年底，全国农产品批发市场 4300 多家，其中产地市场占 60% 左右，年交易额占全国农产品批发市场年总交易额的 50% 左右，农产品流通市场的完善强化了市场在农产品价格形成中的作用。图8－12 表明 2000 年之后农产品生产价格与食品消费价格基本一致的变动趋势，共同的变化趋势至少说明短期内从初级农产品到加工农产品的价格传递过程相似，相当程度上，农产品价格上涨带动了食品价格上涨。

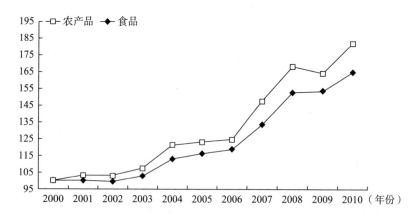

图 8－12　2000 年以后农产品生产价格指数和食品消费价格指数变动趋势
（2000 年 ＝100）

资料来源：根据《中国统计年鉴 2011》中相关数据得到。

从统计角度来看，以农产品价格为基础的食品价格是计算消费物价指数的主要数据来源之一，其权重约占 33%①，食品价格的上涨必然引起居民消费价格指数的上升，表 8－6 计算的数据进一步印证了 2003 年之后的的通货膨胀表现出了明显的结构性特征，这是相对物价变动的结果。

① 2011 年 1 月开始，国家统计局对 CPI 各项目的权重进行了调整，其中食品类消费品的权重降低了 2.21% 。

表 8 - 6　食品价格对 CPI 的贡献率①

年份	食品消费价格上涨率	居民消费价格上涨率	贡献率
2001	0.00	0.70	–
2002	– 0.60	– 0.80	0.25
2003	3.40	1.20	0.93
2004	9.90	3.90	0.84
2005	2.90	1.80	0.53
2006	2.30	1.50	0.51
2007	12.30	4.80	0.85
2008	14.30	5.90	0.80
2009	0.70	– 0.70	–
2010	7.20	3.30	0.72

资料来源:《中国统计年鉴》。

五　结论

本章在农村剩余劳动力减少的背景下,分析了农业生产要素投入结构的变化及其对农产品价格的影响,并且分析了以农产品价格上涨为主要推动的一般性物价上涨,即结构性通货膨胀。研究结论表明农业资本要素投入比例增加提高了其价格变动影响农产品价格变动的权重,基于 VAR 模型的计量分析表明农业生产资料价格上涨对农产品价格上涨的贡献在 20% 左右,比其他影响因素的贡献高,农产品价格变动具有较强的时间惯性。本章详细分析了中国 21 世纪最初十几年的物价上涨,并利用相对简单的统计方法计算了食品价格上涨对消费价格指数上涨的贡献率,计算结果表明食品价格上涨是一般物价水平上涨的主要拉动力。由于建立在农产品价

①　计算方法:贡献率 = $\dfrac{\text{食品价格上涨率} \times \text{权数}}{\text{居民消费价格上涨率}}$。

格基础之上的食品价格是编制居民消费价格指数的依据，因此农产品价格变动间接推动了一般物价水平的上涨，扣除农产品价格上涨，核心通货膨胀率实际上很低，通货膨胀主要是结构性通货膨胀，农产品价格在受到长时间管制之后向原本的价值回归，反映了农产品的市场供需关系。传统的货币主义理论认为货币供给增加是物价上涨的原因，但是货币供给增长与一般物价上涨的弱相关性并不支持这一结论，货币虽然是通胀的必要条件，但不是充分条件，通胀与货币之间没有必然的因果关系。国家要控制通货膨胀，不能基于对货币数量方程式的简单理解仅降低货币供给量，应该准确认识通货膨胀的具体特征，制定相应的调控政策。农产品具有不同于工业品的生产特点，价格波动相对更加频繁，其价格波动会反映在居民消费价格指数上，这不能简单地判断为通货膨胀或通货紧缩，相关调控政策的制定应该建立在对价格变动结构分析的基础上。

第九章　中国农业碳排放区域分异：面板
数据聚类与动态演变

农业碳排放体现了农业发展的环境成本，受经济发展水平和农业政策等因素影响，不同地区农业碳排放存在差异。与已有利用单指标和截面数据的分析方法不同，本章利用省级面板数据包含的丰富信息，以 3 个表征农业碳排放的均量指标为核心变量，加入城镇化水平、农业财政等相关因素，构建样本间的综合距离指标，对 27 个省份进行全时聚类和时段聚类分析，旨在揭示农业碳排放的区域分异特征及其动态变化。研究结果表明：中西部省份农业碳排放区域分异没有显示出与经济发展水平和地理位置一致的分异结果，但是大多数东部省份农业碳排放自成一类，并且与中西部省份存在明显差异；随着时间推移，中西部省份聚类结果变化较大，农业碳排放区域分异特征出现显著变化，相比之下，东部省份聚类结果比较稳定，收敛趋势明显。为达到农业减排目标，政府应充分考虑农业碳排放的区域异同和影响因素差异，提高政策的差异性和精准性，完善农业基础设施建设。

一　引言

中国是农业大国，农业碳排放占碳排放总量的比例较大，且增长速度快[①]。中国也是典型的农业资源稀缺的国家，人多地少的禀赋特征决

---

① 赵文晋等：《低碳农业的发展思路》，《环境保护》2010 年第 12 期。

定的农业生产方式对农业碳排放存在显著影响。由于土地面积广阔,农业资源禀赋存在明显的区域差异,不同农业区域种植结构、农业生产方式、灌溉方式、农业要素投入结构等存在较大区别,这可能导致农业碳排放出现明显的区域特征。以粮食种植为例,水稻、小麦和玉米的要素投入、灌溉方式差异较大,农作物生命周期不同,产生的碳排放足迹不一样[1],以不同粮食为主要农作物的农业区域的农业碳排放将呈现差异。农业碳排放不仅与农业资源禀赋等客观的自然因素相关,而且可能与农业政策、经济发展水平、农业技术等因素相关。例如,农业政策可能会通过引导农业要素投入影响农业技术进步偏向,从而对农业碳排放产生间接影响。

研究农业碳排放的区域分异有利于从中观层面认识农业碳排放的区域特征,更集中地分析某一类区域农业碳排放的形成机理、影响因素和其他共性,也有利于政府提高减排政策的差异化程度和针对性,提高政策效果。本章将基于面板数据,通过聚类分析,对表征农业碳排放的各项指标进行聚类,并比较不同面板时段的聚类结果,揭示农业碳排放区域分异特征及其演变,提出减排政策建议。

二 文献综述

已有关于农业碳排放的研究集中在碳排放测算、形成机理、影响因素、减排机制和政策干预等方面[2],而关于农业碳排放区域分异特征的研究有待于完善,是未来研究的重要领域之一[3]。一些研究已充分认识到了农业碳排放的空间非均衡性,依据省级层面的农业碳排放指标和变动趋势

---

① 黄祖辉等:《农业碳足迹研究——以浙江省为例》,《农业经济问题》2011 年第 11 期。

② 张露等:《农业碳排放研究进展:基于 CiteSpace 的文献计量分析》,《科技管理研究》2015 年第 21 期。

③ 田云等:《农业碳排放国内外研究进展》,《中国农业大学学报》2013 年第 3 期。

对各省份进行归类①。由于地理位置的邻近和农业发展条件相似，农业碳排放可能具有一定的空间集聚性和正相关性②。但是，高鸣等认为农业碳排放的空间相关性在 2000 年之后逐渐变弱，存在"俱乐部"收敛的趋势③。东、中、西部经济发展水平差距明显，地理位置和自然资源分布存在天然差异，研究者习惯于以此维度分析经济变量的区域差异。庞丽分析了农业碳排放总量、人均碳排放和碳排放强度的区域差异，发现西部农业碳排放总量增长最快，碳排放总量和碳排放强度区域差异逐渐缩小，她利用 LMDI 模型分析了不同区域农业碳排放影响因素不同④。刘华军等利用基尼系数和非参数估计方法分析发现碳排放强度区域差距缩小⑤。然而，多数实证分析结果表明农业碳排放与三大区域不存在持续和明确的线性关系，鲁钊阳研究发现农村金融对农业碳排放的影响在中西部与东部地区呈现完全相反的结果⑥。另外，还有研究仅分析某一特定区域的农业碳排放及影响因素，不做区域比较⑦。

已有研究在一定程度上揭示了农业碳排放的区域分异特征，较多关注对农业碳排放总量的研究，而忽略对其他表征农业碳排放指标的具体分析⑧，虽然认识到了农业碳排放的空间相关和区域差异，但是没有利用多元信息对农业碳排放进行区域聚类。然而，已有研究大多以单指标为依据

① 田云等：《中国农业碳排放分布动态与趋势演进——基于 31 个省份 2002～2011 年的面板数据分析》，《中国人口·资源与环境》2014 年第 7 期；曾大林等：《中国省际低碳农业发展的实证分析》，《中国人口·资源与环境》2013 年第 11 期。

② 李秋萍等：《中国农业碳排放的空间效应研究》，《干旱区资源与环境》2015 年第 4 期。

③ 高鸣等：《中国农业碳排放绩效的空间收敛与分异——基于 Malmquist-luenberger 指数与空间计量的实证分析》，《经济地理》2015 年第 4 期。

④ 庞丽：《我国农业碳排放的区域差异与影响因素分析》，《干旱区资源与环境》2014 年第 12 期。

⑤ 刘华军等：《中国农业碳排放的地区差距及其分布动态演进——基于 Dagum 基尼系数分解与非参数估计方法的实证研究》，《农业技术经济》2013 年第 3 期。

⑥ 鲁钊阳：《农村金融发展与农业碳排放关系区域差异实证研究》，《思想战线》2013 年第 2 期。

⑦ 杨莎莎等：《南岭 4 省农业碳排放测算及驱动力分析》，《江苏农业科学》2015 年第 11 期；高标等：《吉林省农业碳排放动态变化及驱动因素分析》，《农业现代化研究》2013 年第 5 期。

⑧ 农业碳排放总量并不能准确地表明碳排放特征，因为碳排放总量与农作物播种面积、农业从业人员等影响农业生产规模的因素相关。

的分类，无法全面反映农业碳排放的区域分异特征，本章利用包含三类农业碳排放均量指标及相关影响因素在内的多维指标进行区域聚类，聚类结果具有更强的科学性。

三　农业碳排放测算

农业碳排放碳源复杂，各碳源碳排放足迹不同，因此具有不同的碳排放系数。当前，测算农业碳排放量主要遵循两种基本思路：其一为投入产出法（IO），其二为生命周期评价法（LCA）。投入产出法大多用于能源消耗碳排放，要求比较精确和持续的投入产出数据，计算方法也比较复杂，生命周期法只需确定碳排放活动和相应的排放系数，计算过程比较简单，结果可靠。本章遵循第二种测算思路，测算公式为[①]：

$$T_i = \sum_j E_{ij} \times \theta_{ij} \times GWP$$

$$E = \sum_i^n T_i$$

上式中，E 为农业碳排放总量，T_i 为第 i 种碳源的碳排放量，θ_{ij} 为碳排放系数，E_{ij} 为每类活动中碳源数量，GWP 为温室气体的增温趋势。本章计算的农业碳排放总量包括：农田利用碳排放、水稻碳排放、牲畜养殖碳排放（反刍动物碳排放）、秸秆碳排放。以上 4 类农业碳排不存在交叉。确定合理的碳排放系数是该方法的关键，相关研究机构的实验模拟和数据分析已形成了一套相对全面的系数标准，本书中需要用到的碳排放系数分别为源于 IPCC2006、IREEA、美国橡树岭国家实验室等[②]。

考虑到数据的可得性，本章在测算农业碳排放总量的基础上，计算了

① 田云等：《中国农业碳排放研究：测算、时空比较及脱钩效应》，《资源科学》2012 年第 11 期；张广胜等：《中国农业碳排放的结构、效率及其决定机制》，《农业经济问题》2014 年第 7 期。

② 伍芬琳等：《保护性耕作对农田生态系统净碳释放量的影响》，《生态学杂志》2007 年第 12 期；段华平等：《中国农田生态系统的碳足迹分析》，《水土保持学报》2011 年第 5 期。

3 个表征农业碳排放的指标：①农业碳排放强度（碳排放总量/农业总产值）；②单位播种面积农业碳排放（碳排放总量/农作物播种面积）；③人均农业碳排放（碳排放总量/农业总人口）。相对于总量指标，均量指标能够剔除规模因素对碳排放的影响，更能体现碳排放强度和绩效。本章原始数据源于《中国农村统计年鉴》、《中国统计年鉴》、《中国农业统计资料》和《中国畜牧兽医年鉴》等统计年鉴①。测算结果的描述性统计分析见表9－1。

表 9－1　各指标描述性统计分析结果

年份	农业碳排放强度 (吨/万元)				单位播种面积农业碳排放 (吨/百公顷)				人均农业碳排放 (吨/人)			
	均值	标准差	最小值	最大值	均值	标准差	最小值	最大值	均值	标准差	最小值	最大值
2000	3.450	1.724	2.071	10.630	0.274	0.084	0.132	0.478	0.503	0.201	0.230	1.000
2001	3.288	1.518	2.023	9.401	0.276	0.086	0.141	0.514	0.503	0.214	0.223	0.991
2002	3.204	1.550	1.933	9.610	0.281	0.090	0.148	0.556	0.508	0.223	0.248	1.032
2003	3.109	1.489	1.744	9.171	0.280	0.092	0.161	0.584	0.494	0.213	0.256	0.999
2004	2.722	1.252	1.511	7.830	0.295	0.090	0.166	0.566	0.527	0.241	0.280	1.134
2005	2.591	1.200	1.507	7.388	0.299	0.088	0.169	0.565	0.540	0.254	0.273	1.148
2006	2.436	1.143	1.360	7.003	0.317	0.093	0.176	0.523	0.560	0.280	0.276	1.267
2007	2.082	0.947	1.177	5.742	0.309	0.092	0.171	0.546	0.558	0.301	0.257	1.452
2008	1.826	0.813	1.019	4.841	0.305	0.090	0.173	0.554	0.566	0.328	0.250	1.555
2009	1.706	0.800	0.924	4.652	0.304	0.090	0.168	0.555	0.571	0.331	0.254	1.621
2010	1.433	0.635	0.782	3.145	0.305	0.085	0.180	0.530	0.588	0.368	0.254	1.847
2011	1.265	0.553	0.654	2.831	0.308	0.087	0.185	0.532	0.604	0.398	0.254	2.018
2012	1.140	0.480	0.613	2.447	0.311	0.090	0.191	0.517	0.619	0.418	0.249	2.125
2013	1.048	0.432	0.545	2.281	0.313	0.083	0.177	0.517	0.633	0.446	0.245	2.236

① 由于产业结构的特殊性，删除了北京、天津、上海和西藏的数据，可用数据源于 27 个省份。后文中提到的东部地区包括河北、辽宁、江苏、浙江、福建、山东、广东、海南，中部地区包括山西、吉林、黑龙江、安徽、江西、河南、湖北、湖南，西部地区包括内蒙古、广西、重庆、四川、贵州、云南、陕西、甘肃、青海、宁夏、新疆。

年份	农业碳排放强度（吨/万元）				单位播种面积农业碳排放（吨/百公顷）				人均农业碳排放（吨/人）			
	均值	标准差	最小值	最大值	均值	标准差	最小值	最大值	均值	标准差	最小值	最大值
2014	0.990	0.423	0.491	2.148	0.313	0.082	0.179	0.531	0.637	0.457	0.243	2.286

表 9 - 1 显示，2000～2014 年，碳排放强度均值和标准差明显下降，农业碳排放强度减弱，省域差异缩小。然而，同一时间范围内，单位播种面积农业碳排放均值小幅增加，标准差变化不明显，省域差异变化不大。人均碳排放均值和标准差均显著增加，意味着人均农业碳排放增长的同时省域差异扩大，这可能源于劳动力转移和城镇化带来的农村人口减少。

四 农业碳排放的区域分异与动态比较：面板数据聚类

（一）聚类方法和策略

聚类分析是对样本中的个体进行归类，通过对反映样本特征的指标数据进行统计分析，将类似的样本个体归为一类。聚类分析结果可以为分析某一类样本的共同特征、影响因素等提供依据，将研究细化。相对于横截面数据的聚类分析，面板数据由于同时包含反映个体差异的截面数据和反映个体动态变化时间序列数据，甚至还可以计算出反映数据稳定性的指标，因此具有更充分的信息量作为聚类分析的依据。同时，聚类分析还可以通过比较不同时间截面或时间段的聚类结果，分析样本区域分布的变化。为充分使用信息量，面板数据聚类分析同时考虑三方面：数据的水平值、增长趋势、稳定性。个体间的综合距离由三类距离加权平均得出[1]：

---

[1] 李因果等：《面板数据聚类方法及应用》，《统计研究》2010 年第 9 期。

$$d_{ij}(CED) = \alpha \cdot d_{ij}(AQED) + \beta \cdot d_{ij}(ISED) + \gamma \cdot d_{ij}(VCED)$$

上式中，距离均为欧式距离，$d_{ij}(CED)$ 为综合距离，$d_{ij}(AQED)$ 为绝对量距离，$d_{ij}(ISED)$ 为增长速度距离，$d_{ij}(VCED)$ 为变异系数距离，α、β、γ 为权重。根据不同的研究目标和需要，可设立不同的权重。本章认为指标水平值包含了体现区域差异的最重要信息，因此赋予绝对量距离最大的权重 0.5，增长速度距离和变异系数距离的权重均为 0.25。

为了了解农业碳排放的区域特征和动态变化，本章分别进行了全时聚类和时段聚类分析，具体聚类分析策略如下：①分别对三个表征农业碳排放的均量指标进行全时面板数据聚类，反映不同项目区域分异特征；②将总时间轴一分为二（2000～2007 年和 2008～2014 年），进行时段面板聚类，然后比较两时段各自的聚类结果，反映区域分异特征的动态变化；③在聚类分析过程中，加入了对区域农业碳排放具有影响的其他变量，分别为人均 GDP、农业总产值占当地 GDP 之比、城镇化水平、单位播种面积农业财政支出、单位播种面积农业固定资产投资。

本章利用 SAS 软件实现聚类，面板聚类程序借鉴姜超的方法。为避免量纲不同和测量值差异给聚类结果带来的影响，聚类分析之前对数据进行标准化处理。

（二）聚类结果与动态比较

1. 农业碳排放强度

碳排放强度是指单位产值所带来的碳排放量，是体现经济发展环境代价最直接的指标，多数国家和地区为追求低碳发展模式，试图通过政策干预降低碳排放强度。农业碳排放强度与技术水平、种植结构、农业要素投入等因素密切相关，是体现农业发展方式的重要指标。农业碳排放强度全时聚类结果见图 9－1。

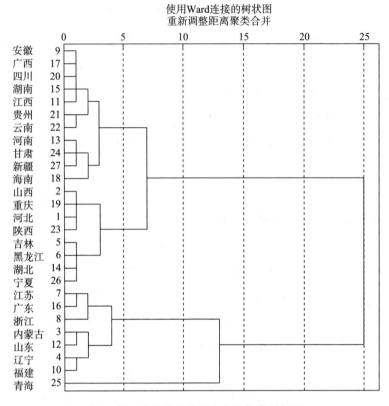

图9-1 农业碳排放强度全时聚类树状图

根据农业碳排放强度全时聚类结果，可将所有省份分为四类（见表9-2）。

表9-2 农业碳排放全时聚类结果

类别	省份名称
第一类	安徽、广西、四川、湖南、江西、贵州、云南、河南、甘肃、新疆、海南
第二类	山西、重庆、河北、陕西、吉林、黑龙江、湖北、宁夏
第三类	江苏、广东、浙江、内蒙古、山东、辽宁、福建
第四类	青海

第一类以西部省份为主，包括6个西部省份，3个中部省份，和1个

东部省份；第二类以中部省份为主，包括4个中部省份，3个西部省份和1个东部省份；第三类以东部省份为主，包括5个东部省份和1个西部省份；第四类为青海省。聚类结果表明，考虑到农业财政、农业固定资产投资等因素之后，中西部省份农业碳排放强度并没有被完全划分为独立的两类，但是可大致认为中西部省份与东部省份存在明显类别界限，在第三类中只有1个非东部省份，其他两类中各包含1个东部省份。青海省之所以被归为一个单独类别，可能是因为特殊的农业产业结构和地理位置，这一特征也出现在单位播种面积农业碳排放的聚类分析中。

时段聚类结果见图9-2和图9-3。

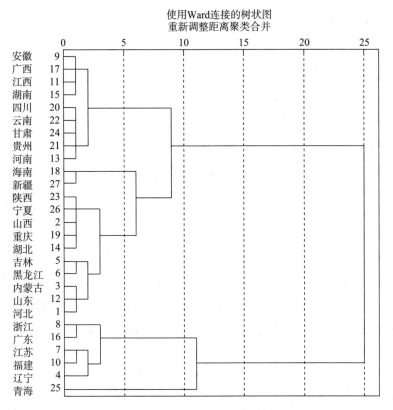

图9-2　2000~2007年时段聚类

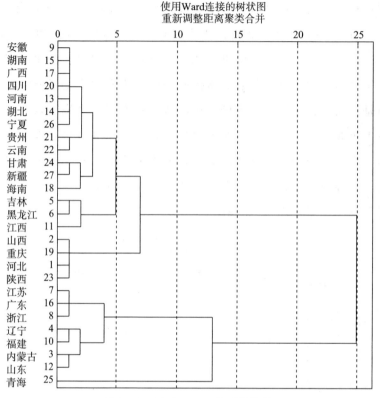

图 9 – 3　2008～2014 年时段聚类

　　两个时段的聚类结果显示，第一类和第二类变化较大（见表 9 – 3）。第一时段聚类结果的第二类包含的海南、新疆、宁夏、湖北、吉林、黑龙江转移到了第二时段聚类的第一类，内蒙古和山东转移到了第三类，第二类包含的省份数量明显减少，第一类包含的省份数量增加，青海省仍然为单独的一类。比较分析结果意味着，随着经济发展水平的提高，以农业碳排放强度表征的农业碳排放区域分异格局发生明显变化。

表 9 – 3　农业碳排放强度时段聚类结果

时段	第一类	第二类	第三类	第四类
2000～2007 年	安徽、广西、江西、湖南、四川、云南、甘肃、贵州、河南	海南、新疆、陕西、宁夏、山西、重庆、湖北、吉林、黑龙江、内蒙古、山东、河北	浙江、广东、江苏、福建、辽宁	青海

续表

时段	第一类	第二类	第三类	第四类
2008～2014 年	安徽、湖南、广西、四川、河南、湖北、宁夏、贵州、云南、甘肃、新疆、海南、吉林、黑龙江、江西	山西、重庆、河北、陕西	江苏、广东、浙江、辽宁、福建、内蒙古、山东	青海

2. 单位播种面积农业碳排放

中国农业播种面积、结构和特点存在较大的区域差异，土壤、地形、地貌等不尽相同，农产品种植结构具有明显的区域特征。农产品的种植特点、种植方式和要素投入会影响农业碳排放量和碳排放构成，相同面积的土地会因为农作物不同而产生不同的碳排放。接下来对单位播种面积的农业碳排放进行聚类分析和动态比较（见图 9 - 4）。

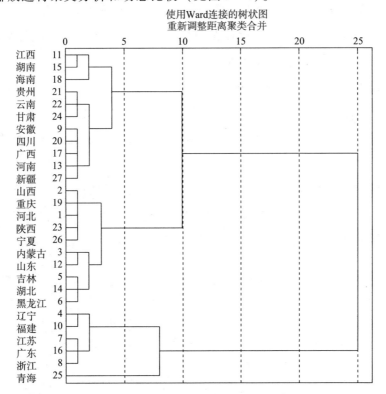

图 9 - 4　单位播种面积农业碳排放全时聚类树状图

根据聚类分析树状图，可将所有省份分为四类（见表 9-4）。

表 9-4　单位播种面积农业碳排放全时聚类结果

类别	省份名称
第一类	江西、湖南、海南、贵州、云南、甘肃、安徽、四川、广西、河南、新疆
第二类	山西、重庆、河北、陕西、宁夏、内蒙古、山东、吉林、湖北、黑龙江
第三类	辽宁、福建、江苏、广东、浙江
第四类	青海

单位播种面积农业碳排放全时聚类结果显示的区域分异特征与农业碳排放强度类似，第一类和第二类同时包括中部省份和西部省份，中西部省份没有因为经济发展水平和地理位置不同被严格归为不同类。但是第三类全部为东部省份，海南省被归为第一类，河北和山东被归为第二类。总体上，单位播种面积农业碳排放存在明显的东部与中西部的区域分异特征，相比之下，东部省份的收敛性更强。

时段聚类见图 9-5 和图 9-6。

两个时段的聚类结果差异较大。第一阶段聚类结果显示中西部省份较为均匀地分布在第一类和第二类中，到第二阶段，第一类包含了所有中部省份和部分西部省份，第二类只包括 4 个西部省份，第三类包括了所有的东部省份和唯一的西部省份（见表 9-5）。随着时间的推移，中西部省份单位播种面积农业碳排放省域分异格局变化比较显著，东部省份与中西部省份显著的分类界线保持不变，区域分异格局稳定。

表 9-5　单位播种面积农业碳排放时段聚类结果

时段	第一类	第二类	第三类	第四类
2000～2007 年	江西、湖南、贵州、甘肃、四川、云南、安徽、广西、河南	海南、新疆、陕西、宁夏、陕西、重庆、内蒙古、山东、河北、吉林、湖北、黑龙江	浙江、广东、江苏、福建、辽宁	青海

续表

时 段	第一类	第二类	第三类	第四类
2008~2014 年	安徽、四川、河南、广西、江西、湖南、吉林、湖北、黑龙江、海南、陕西、重庆、河北、宁夏	贵州、云南、甘肃、新疆	江苏、广东、浙江、辽宁、福建、内蒙古、山东	青海

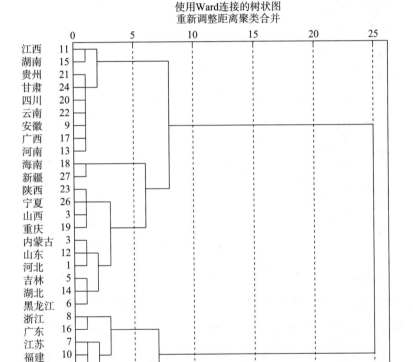

图 9-5　2000~2007 年时段聚类

3. 人均农业碳排放

改革开放之后，农村剩余劳动力大量转移到城市，转移规模持续扩大，减少了实际务农劳动力数量，也相应增加了其他农业要素的投入量，潜移默化地改变着农业生产方式。然而，中国区域经济发展差距明

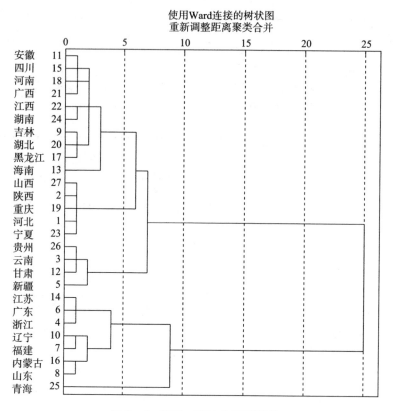

图 9 - 6　2008 ~ 2014 年时段聚类

显，非农就业机会和劳动力转移状况也存在明显的区域差异。经济欠发达的中西部省份多为农业大省，农业产值占比要高于东部省份，农村劳动力转移规模尤其是跨省转移规模较大，近年来农业生产方式变化较大。一定程度上，人均农业碳排放体现了农业生产的环境成本和效率水平。

人均农业碳排放全时聚类结果显示（见表 9 - 6 和图 9 - 7），西部省份主要分布在第一类，中部省份主要分布在第二类，第三类为地理位置邻近的东北两省和内蒙古，东部省份主要集中在第四类。与农业碳排放强度和单位播种面积农业碳排放的聚类结果最大的区别在于第三类的划分，相似之处在于中西部省份分类界线不明显，东部省份与中西部省份分类界线清晰，与地理位置界线比较一致的类别界线显示了人均农业碳排放的地区"俱乐部"收敛趋势。

表9-6　人均农业碳排放全时聚类结果

类别	省份名称
第一类	安徽、广西、四川、河南、云南、甘肃、贵州、海南、新疆
第二类	江西、湖南、湖北、宁夏、山西、重庆、河北、陕西
第三类	吉林、黑龙江、内蒙古
第四类	福建、山东、辽宁、浙江、广东、江苏、青海

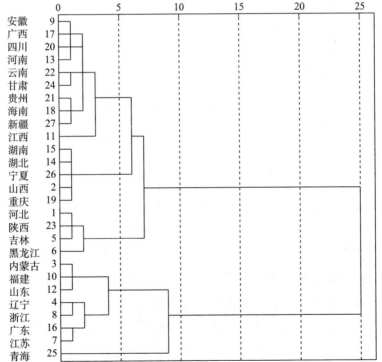

图9-7　人均农业碳排放全时聚类树状图

时段聚类参见图9-8和图9-9。

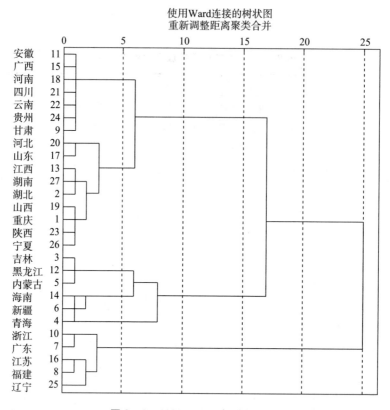

图 9 - 8　2000～2007 年时段聚类

　　比较人均农业碳排放的两时段聚类结果可以发现，第一阶段的第一类和第二类发生了明显的分化，第一类别分为两类，一部分省份转移到了第五类，第二类分化为两类，青海进入第五类。到第二时段，聚类类别增加，人均农业碳排放区域分异程度更高，与描述性统计结果一致。另外，地处西北边陲的新疆和地处最南端的海南被归为同一类，进一步说明地理位置界线与以人均农业碳排放为核心指标的农业碳排放聚类类别界线反差较大，这一区域分异特征与上文中的聚类结果明显不同，区域分异程度增强。

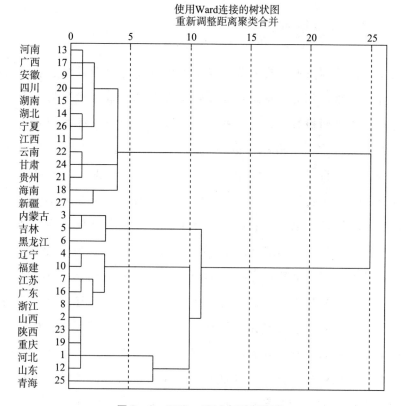

图 9-9　2008~2016 年时段聚类

表 9-7　人均农业碳排放时段聚类结果

	第一类	第二类	第三类	第四类	第五类
2000~2007 年	安徽、广西、河南、四川、云南、贵州、甘肃、河北、山东、江西、湖南、湖北、山西、重庆、陕西、宁夏	吉林、黑龙江、内蒙古、海南、新疆、青海	浙江、广东	江苏、福建、辽宁	
2008~2014 年	河南、广西、安徽、四川、湖南、湖北、宁夏、江西	云南、甘肃、贵州	海南、新疆	内蒙古、吉林、黑龙江	辽宁、福建、江苏、广东、浙江、山西、陕西、重庆、河北、山东、青海

五　结论与政策建议

农业碳排放与农业生产方式、经济发展水平、农业政策、农业基础设施建设等因素密切相关，本章将农业碳排放及其影响因素视为一个多维系统，并基于省级面板数据，以农业碳排放强度、单位播种面积农业碳排放和人均农业碳排放三个指标为核心变量，对 27 个省份进行全时聚类和时段聚类分析，并将时段聚类结果进行比较，以揭示农业碳排放区域分异特征及变化。以三个不同核心指标表征的农业碳排放聚类结果不一致，没有表现出完全相同的区域分异特征。总体上，全时聚类结果表明中西部省份农业碳排放分类没有表现出与地理位置、经济发展水平一致的分类界线，但从时间趋势来看，表现出了一定的收敛性，但并不显著。以非农产业为主、经济发展水平较高的东部省份自成一类，与中西部省份比较有明显的类别界限，东部省份农业碳排放具有"俱乐部"收敛特征。另外，比较两个时段的聚类结果发现，随着时间推移和经济发展水平的提高，农业碳排放聚类结果出现明显变化，尤其是人均农业碳排放聚类结果变化较大，意味着农业碳排放的区域分异特征在两个阶段呈现不同特点。

影响农业碳排放的因素错综复杂，包含多个指标的农业碳排放聚类分析充分利用了影响农业碳排放的多元信息，避免了依据单指标聚类的片面性，聚类结果体现了农业碳排放的区域分异特征和动态变化。为降低农业碳排放、建立环境友好型农业生产方式，政府应该在以下几个方面努力。①充分考虑不同农业区域种植结构和生产方式特点，制定差异化减排政策，提高政策的指向性和精准性。②关注由于生产方式改变带来的农业碳排放动态变化，调整减排政策侧重点。尤其是对于农业产值占比较高的中西部省份，应在考虑其农业生产特点的基础上，通过政策引导其建立现代化农业生产方式。③农业基础设施有助于提高农业全要素生产率，节约资源。政府应提高农业固定资产投资水平，完善农业基础设施建设，提高农业生产效率，降低能源消耗，节约要素投入。

第十章 农业财政支出、农田利用碳排放与区域差异

本章基于 2000～2014 年省级面板数据，使用单位播种面积农田利用碳排放和农田利用碳排放强度，研究中国省级层面农田利用碳排放的区域分布特征，定性和定量分析了农业财政支出影响农田利用碳排放的区域差异，提出了提高农业财政支出碳减排效应的政策建议。核密度函数和莫兰指数分析结果表明：单位播种面积农田利用碳排放区域差异逐步扩大，存在少数排放量较大的省份，农业经济发展水平越接近的地区碳排放水平也越相近，而农田利用碳排放强度均值和区域差异逐步缩小，并呈现随机空间分布特征。农业财政支出通过影响农业要素投入结构、农田利用方式和农业技术进步等途径影响农田利用碳排放量，计量模型分析结果表明：①农业财政支出显著提高了单位播种面积农田利用碳排放量，该影响与经济发展水平无关，但与农产品种植结构相关，在以种植玉米为主的地区最显著，其次是以种植水稻或小麦为主的地区；②农业财政支出有利于降低农田利用碳排放强度，影响程度与经济发展水平和农产品种植结构相关，农业财政支出的减排效应在东部地区和以种植玉米为主的地区最强，其次是中西部地区和以种植水稻或小麦为主的地区；③除农业财政支出以外，农村劳动力转移、农业基础设施建设和城镇化水平等因素也显著影响了农田利用碳排放。

一 引言

中国是个农业大国，农业碳排放占全国温室气体排放总量的比例较大[①]。近年来，在农村劳动力转移的背景下，农业生产方式和农业要素投入结构逐渐发生变化，农业碳排放总量处于上升趋势。农业碳排放碳源较多，已有研究关注的农业碳排放包括农田利用碳排放、种植业碳排放、稻田碳排放、秸秆碳排放和牲畜养殖碳排放等。从全国情况来看，2014 年农田利用碳排放占农业碳排放之比在 25% 左右[②]，占碳排放总量的 30% 左右[③]，农田利用碳排放与农业生产方式密切相关，通过合理使用农业要素和提高农业生产效率，可以有效控制碳排放总量和碳排放强度。

2006 年全面取消农业税之后，中国农业政策向"多予少取"及"工业反哺农业"的方向转变，政府在推动农业发展的过程中发挥了重要的作用[④]，中央和各级地方政府加大了支持农业发展的力度，农业财政支出规模逐年扩大。数据显示，2014 年国家用于支持农业发展的财政支出为 5816.6 亿元，是 2000 年的 7 倍多[⑤]。与此同时，由于区域经济发展的巨大差距，各省财力悬殊，农业财政支出规模和支出方式不同，对农业碳排放的影响必将因为区域异质性因素而呈现差异。

2016 年 11 月，国家发布了《建立以绿色生态为导向的农业补贴制度改革方案》，提出农业政策需要突出生态导向，以保持农业的可持续发展能力。建立环境友好型的现代农业生产方式、降低农业发展的环境成本是农业供给侧改革的重要目标，本章旨在分析中国农田利用碳排放的空间分

---

① 赵文晋等：《低碳农业的发展思路》，《环境保护》2010 年第 12 期。
② 本章计算了农田利用碳排放、稻田碳排放、秸秆碳排放和牲畜养殖碳排放，该数值为农田利用碳排放占四项主要农业碳排放总量之比。
③ 国土资源部网站，http://www.mlr.gov.cn/tdsc/lltt/200912/t20091228_131048.htm。
④ 郁建兴等：《农业农村发展中的政府与市场、社会：一个分析框架》，《中国社会科学》2009 年第 6 期。
⑤ 依据各年《中国农村统计年鉴》计算得出。

布，揭示农业财政支出对其影响的机制和实际效果，这有利于认识当前农业财政支出的农业碳减排效应，在政府财力有限的背景下，提高财政支出效率，为政府制定和调适农业碳减排政策提供经验支持。

二　文献综述

随着环境问题受关注程度上升，学术界对农业碳排放的研究逐渐增多，研究主要集中在农业碳排放测算、形成机理、影响因素、减排政策等方面[①]，中国农业资源禀赋呈现多样性和异质性，农业碳排放特征、碳排放足迹和影响因素具有显著的区域特征，是相关研究的重要领域之一[②]。吴贤荣等发现农业碳排放具有空间非均衡性特征，他们依据农业碳排放及其变动趋势进行了归类[③]，但是高鸣等认为农业碳排放的空间相关性在2000年之后逐渐变弱，存在"俱乐部"收敛趋势[④]。庞丽分析了东部、中部和西部三大区域农业碳排放差异，发现农业碳排放总量和碳排放强度的区域差异逐渐缩小，西部农业碳排放总量增长最快[⑤]。另外，刘华军等利用基尼系数和非参数估计方法研究发现中国农业碳排放强度的区域差异在缩小[⑥]，杨莎莎等专门研究了南岭4省的农业碳排放及其影响因素[⑦]。

---

① 张露等：《农业碳排放研究进展：基于 CiteSpace 的文献计量分析》，《科技管理研究》2015 年第 21 期。
② 田云等：《农业碳排放国内外研究进展》，《中国农业大学学报》2013 年第 3 期；曾大林等：《中国省际低碳农业发展的实证分析》，《中国人口·资源与环境》2013 年第 11 期。
③ 吴贤荣等：《中国省域农业碳减排潜力及其空间关联特征——基于空间权重矩阵的空间 Durbin 模型》，《中国人口·资源与环境》2015 年第 6 期；何艳秋等：《中国农业碳排放驱动因素的时空特征研究》，《资源科学》2016 年第 9 期。
④ 高鸣等：《中国农业碳排放绩效的空间收敛与分异——基于 Malmquist-Luenberger 指数与空间计量的实证分析》，《经济地理》2015 年第 4 期。
⑤ 庞丽：《我国农业碳排放的区域差异与影响因素分析》，《干旱区资源与环境》2014 年第 12 期。
⑥ 刘华军等：《中国农业碳排放的地区差距及其分布动态演进——基于 Dagum 基尼系数分解与非参数估计方法的实证研究》，《农业技术经济》2013 年第 3 期。
⑦ 杨莎莎等：《南岭 4 省农业碳排放测算及驱动力分析》，《江苏农业科学》2015 年第 11 期。

农业碳排放的碳源较多，不同类别农业碳排放影响因素不同，已有相关研究关注以下几方面。①农业技术和农业生产效率的影响。如杨钧认为农业技术水平虽然可以提高农业生产效率，但也提高了增加农业碳排放量的农业要素投入，农业技术进步显著增加了农业碳排放量，但降低了农业碳排放强度①。鲁钊阳研究发现农业科技进步会影响农业碳排放量、排放效率和碳排放结构，有利于减少农业碳排放②。王惠等认为提升农业生产效率可以有效减少农业碳排放，但是存在门槛效应③。②农业生产方式的影响。如张小洁等研究发现土地规模化经营有利于改变传统农业要素组合方式和合理配置农业要素，直接或间接影响农业碳排放④，胡中应等认为农业产业集聚带来规模经济，影响能源利用效率，农业碳排放量、碳排放强度会随着农业产业集聚分别呈现倒"U"形和正"N"形特征⑤。③劳动力转移和城镇化的影响。如武春桃等研究发现，总体上城镇化有助于降低中国农业碳排放量，但与城镇化方式相关，就业城镇化在西部地区有利于降低农业碳排放量，在中部地区增加了农业碳排放量，在东部地区的影响则不确定⑥。

总体上来看，国内大多相关研究将不同类别的农业碳排放置于同一框架下分析，未充分考虑各类农业碳排放的个体特征和差异化影响因素，专注于研究农田利用碳排放的文献较少。同时，农业碳排放影响因素的研究较多集中在经济增长、农业技术和农业生产方式等方面，对农业财政支出影响农业碳排放的研究有待于扩展和深化。

---

① 杨钧：《农业技术进步对农业碳排放的影响——中国省级数据的检验》，《软科学》2013年第10期。
② 鲁钊阳：《省域视角下农业科技进步对农业碳排放的影响研究》，《科学学研究》2013年第5期。
③ 王惠等：《农业生产效率、农业碳排放的动态演进与门槛特征》，《农业技术经济》2015年第6期。
④ 张小洁等：《土地规模化经营对农业碳排放的影响机制》，《广东农业科学》2012年第20期。
⑤ 胡中应等：《产业集聚对我国农业碳排放的影响》，《山东社会科学》2016年第6期。
⑥ 武春桃等：《城镇化对中国农业碳排放的影响——省际数据的实证研究》，《经济经纬》2015年第1期。

三　农田利用碳排放测算与空间相关

（一）测算方法和结果

测算农业碳排放主要遵循两种思路：一为投入产出法（IO），二为生命周期评价法（LCA）。投入产出法大多用于测算能源消耗碳排放，要求比较精确且连续的投入产出数据，计算过程复杂。相比之下，生命周期评价法只需确定碳排放活动和相应的碳排放系数，计算过程简单，结果可靠。本章遵循第二种测算思路，测算公式为：

$$T = \sum_{i=1}^{n} Q_i \times \theta_i$$

其中，T 为农田利用碳排放总量，Q_i 为农田利用中每类碳源的数量，θ_i 为碳排放系数。本章测算的农田利用碳排放源包括：化肥、农膜、柴油、农药、翻耕、灌溉。碳排放系数源于 IPCC2006、IREEA、美国橡树岭国家实验室等研究机构测算的结果。为剔除农业生产规模的影响，本章在测算农田利用碳排放总量的基础上，分别计算了单位播种面积农田利用碳排放（$C1$）和农田利用碳排放强度（$C2$），计算公式为：$C1$＝农田利用碳排放总量/农作物播种面积，$C2$＝农田利用碳排放总量/农业增加值（农业GDP）[①]。相对于总量指标，单位播种面积和单位农业产值的均量碳排放指标更能体现碳排放绩效，能较好地表征农业发展的环境成本。表 10－1 为测算结果的描述性统计分析结果。本章所有数据来自《中国区域经济统计年鉴》、《中国农村统计年鉴》、《中国统计年鉴》和《中国农业统计资料》等数据库[②]。

---

① 仅指农业增加值，不包括林业、牧业和渔业。

② 由于产业结构的特殊性，删除了北京、天津、上海、西藏和青海的数据，可用数据源于 26 个省份。

表 10-1　农田利用碳排放测算结果描述性统计

年份	单位播种面积农田利用碳排放（吨/公顷）				农田利用碳排放强度（吨/万元）			
	均值	标准差	最小值	最大值	均值	标准差	最小值	最大值
2000	0.492	0.168	0.214	0.850	0.899	0.235	0.473	1.494
2001	0.512	0.186	0.213	0.991	0.891	0.251	0.506	1.490
2002	0.530	0.199	0.225	1.057	0.867	0.221	0.534	1.410
2003	0.552	0.214	0.233	1.140	0.862	0.207	0.542	1.385
2004	0.584	0.234	0.232	1.210	0.749	0.171	0.457	1.151
2005	0.596	0.236	0.238	1.198	0.724	0.186	0.431	1.179
2006	0.644	0.267	0.267	1.370	0.683	0.166	0.392	1.099
2007	0.664	0.278	0.276	1.406	0.624	0.150	0.381	1.000
2008	0.666	0.266	0.295	1.372	0.566	0.140	0.349	0.914
2009	0.678	0.263	0.295	1.364	0.536	0.118	0.327	0.811
2010	0.689	0.264	0.287	1.400	0.457	0.093	0.291	0.658
2011	0.703	0.265	0.308	1.429	0.411	0.089	0.251	0.589
2012	0.716	0.269	0.310	1.527	0.375	0.086	0.227	0.567
2013	0.724	0.275	0.286	1.542	0.348	0.083	0.215	0.521
2014	0.733	0.279	0.290	1.561	0.332	0.088	0.188	0.503

资料来源：根据《中国区域经济统计年鉴》和《中国农村统计年鉴》等数据库资料计算得到。

（二）基于"农业经济距离"的农田利用碳排放空间自相关特征

地理位置邻近、有相似的农业经济发展水平和产业结构的地区，农田利用碳排放可能存在一定的空间自相关，李秋萍等基于相邻原则构建了空间权重矩阵，分析了中国农业碳排放的空间自相关特征，结果显示，1993～2010年全局莫兰指数大致成倒"U"形[1]。空间权重是计算莫兰指数的重要依据，不同空间权重矩阵体现不同的经济学含义，基于相邻原则构建空间权重矩阵的合理性在于相邻区域通常具有类似的农业资源禀赋，但是农业碳排放与农业技术水平、农业要素投入和农产品种植结构等因素密切相

---

[1]　李秋萍等：《中国农业碳排放的空间效应研究》，《干旱区资源与环境》2015年第4期。

关，依据地理位置构建的空间权重矩阵无法全面反映农业碳排放的空间自相关特征，空间依赖可能与经济距离有密切的关联，甚至超过与地理位置的关联程度[①]。本章借鉴林光平等基于"农业经济距离"构建的空间权重矩阵 (w_{ij})[②]，计算 2000 年和 2014 年农田利用碳排放全局莫兰指数，分析其空间相关特征，计算公式如下：

$$w_{ij} = \frac{1}{|\bar{x}_i - \bar{x}_j|}$$

其中，$\bar{x}_i$ 和 $\bar{x}_j$ 分别为 2000～2014 年 i 地区和 j 地区单位播种面积农业产值均值，全局莫兰指数计算公式如下：

$$I = \frac{\sum_{i=1}^{n} \sum_{j=1}^{n} w_{ij}(x_i - \bar{x})(x_j - \bar{x})}{S^2 \sum_{i=1}^{n} \sum_{j=1}^{n} w_{ij}}$$

其中，$S^2 = \dfrac{\sum_{i=1}^{n}(x_i - \bar{x})}{n}$ 为样本方差，$\sum_{i=1}^{n} \sum_{j=1}^{n} w_{ij}$ 为空间权重之和，实际计算过程中将权重矩阵标准化。

1. 单位播种面积农田利用碳排放空间自相关特征

依据"农业经济距离"计算的 2000 年和 2014 年全局莫兰指数分别为 0.380 和 0.446，说明单位播种面积农田利用碳排放表现出了较强的正空间自相关性，农业经济发展水平接近的省份，碳排放也处于相近水平。相比 2000 年，2014 年莫兰指数值显著提高，单位播种面积农田利用碳排放空间自相关性变得更强。2000 年，单位播种面积农田利用碳排放空间分布以第三象限为主，说明碳排放在经济空间上以低－低方式集聚。从 2014 年莫兰指数的散点图可以看出第三象限的集聚效应更明显，低－低空间自相

① Fingleton，B. and J. L. Gallo.，"Estimating Spatial Models with Endogenous Variables，a Spatial Lag and Spatially Dependent Disturbances：Finite Sample Properties"，*Papers in Regional Science*（3），2008.

② 林光平等：《我国地区经济收敛的空间计量实证分析：1978～2002 年》，《经济学（季刊）》2005 年第 S1 期。

关趋势更显著（见图 10 - 1 和图 10 - 2）。

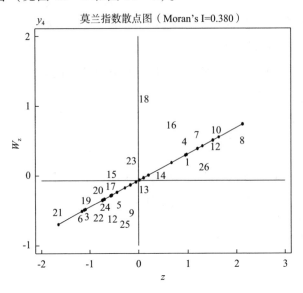

图 10 - 1　2000 年单位播种面积农田利用碳排放莫兰指数散点图

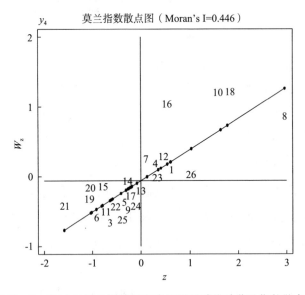

图 10 - 2　2014 年单位播种面积农田利用碳排放莫兰指数散点图

2. 农田利用碳排放强度空间自相关特征

同样，本章基于"农业经济距离"计算了农田利用碳排放强度的莫兰指数（见图 10 - 3 和图 10 - 4），计算结果显示，2000 年和 2014 年农田利用碳排放强度没有表现出明显的空间自相关，空间分布是随机的，农业发展水平接近的地区碳排放强度差异比较明显，与单位播种面积农田利用碳排放表现出不同的空间分布特征。

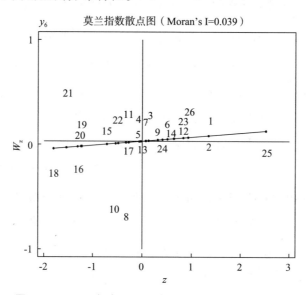

图 10 - 3　2000 年农田利用碳排放强度莫兰指数散点图

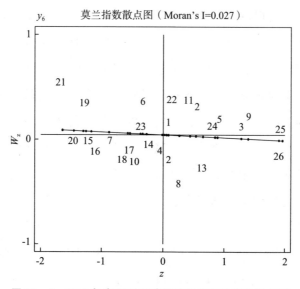

图 10 - 4　2014 年农田利用碳排放强度莫兰指数散点图

四 农业财政支出对农田利用碳排放的影响

(一) 农业财政支出影响农田利用碳排放的理论分析

农田利用产生的碳排放主要源于三个方面：农业要素投入产生的碳排放、农地翻耕产生的碳排放和能源利用产生的碳排放。农田利用同时具备碳"源"和碳"汇"功能[①]：一方面，在农业生产方式变革过程中，包括农业机械、农药和化肥在内的农业资本要素投入数量递增，农业资本要素比传统农业要素带来更多碳排放量，增加碳排放源数量；另一方面，保护性的农田利用方式、农田整治可能将二氧化碳等温室气体固定在土壤和植被中，增强农田的碳汇功能。同时，农业生产技术进步通过提高农业要素的利用效率，节约了要素投入，减少了单位土地面积上的碳排放量。

首先，从农田利用的碳源功能来看，2006 年之后的农业财政支出加大了对鼓励农业生产和改善农业要素投入结构的补贴力度，如种粮直补、农业机械补贴、农资综合补贴等，极大地激励了农业资本要素投入，提高了农业能源消耗。数据显示，2007 年四项农业补贴为 513.6 亿元，2012 年增加到 1643 亿元，占支持农业生产财政支出的比重由 28.5% 增加到 34.3%[②]，补贴力度逐年增大。与此同时，在农村劳动力转移规模持续扩大的背景下，土地规模经营占比越来越高，增强了农业财政支出对农业资本要素投入的激励效应。其次，从增强农田利用的碳汇功能和农业碳减排来看，农业财政支出对于改善农业基础设施、退耕还林和保护性农田耕作等发挥了促进作用。中国属于典型的人多地少国家，人均农业资源稀缺，在农村劳动力转移到工业部门之后，农业财政支出有利于增强与农业资源

---

① 杨果等：《中国农业源碳汇估算及其与农业经济发展的耦合分析》，《中国人口·资源与环境》2016 年第 12 期。

② 根据《中国农村统计年鉴》相应年份数据计算。

禀赋相耦合的农业技术进步偏向，提高劳动力节约型和土地节约型的农业资本要素使用效率，提高农业全要素生产率。因此，农业财政支出通过影响农田利用方式和农业要素利用效率影响农田利用的碳源和碳汇功能，综合效应取决于两者之和。

中国经济发展水平和农业资源禀赋存在显著的区域差异，不同的农业区域农业技术水平、农产品种植结构和农田利用方式差别较大。在经济发展水平较高的东部地区，第二产业和第三产业对经济增长的贡献高于中部和西部地区，当地农村劳动力可以获得更多就近非农就业机会，农业财政支出对农田利用方式和农田利用碳排放的影响可能不同于中西部地区。同样，由于地形地貌的差异，农业要素替代成本不同，相比之下，在平原占土地总面积较大的华北和东北地区，农业财政支出更有利于增加农业机械投入，在以山地或丘陵为主的南方地区，农业财政支出更有利于增加化肥和农药等农业要素投入，可以预测，考虑到农业资源禀赋的区域差异，农业财政支出对农田利用碳排放的影响将会有所不同。

（二）农业财政支出影响农田利用碳排放的实证分析

1. 变量选择和计量模型

本章的被解释变量为单位播种面积农田利用碳排放（$C1$）和农田利用碳排放强度（$C2$），核心解释变量为农业财政支出（$finance$），借鉴陈飞等的研究[①]，用农业财政支出占地方财政预算总支出比例表示，计量模型中的控制变量包括以下几点。①实际务农劳动力人数（$labor$），在农业相对收益下降和工业部门扩张的背景下，农村剩余劳动力大规模转移到城市，尤其是在 2000 年之后，农村劳动力由绝对剩余向相对剩余转变，在农产品价格上涨的激励下，农业资本要素投入量显著增加，改变了传统以劳动力投入为主的农业生产方式，对农田利用碳排放产生影响。②单位播种面

---

① 陈飞等：《农业政策、粮食产量与粮食生产调整能力》，《经济研究》2010 年第 11 期。

积农业固定资产投资（investment），该指标决定了农业基础设施建设水平，完善的农业基础设施有助于提高农业生产效率，降低能源消耗和要素投入，减少农业碳排放。③农业产值占地区生产总值比重（pro），该指标体现了地区经济发展水平和产业结构特征，农业产值占比越高的地区，第二产业和第三产业对经济增长的贡献相对较低，工业反哺农业的程度可能有限，影响了传统农业生产方式的变革。④城镇化率（urate），以城镇人口占总人口规模的比例表征。

计量分析所用数据为 2000～2014 年省级面板数据，为使数据更平稳，取各变量原始数据的自然对数值，基准计量模型为：

$$\ln y_{it} = \alpha \ln finance_{it} + \beta_k \sum_k x_{it}^k + u_i + \varepsilon_{it}$$

其中，y 为单位播种面积农田利用碳排放强度，finance 为农业财政支出，x 为包括实际务农劳动力人数在内的所有控制变量，u 为体现个体差异的截距项，ε 为随机扰动项。

2. 计量模型回归结果分析

本章的计量分析思路为：①基于全国样本建立计量经济学模型，估计模型参数；②依据经济发展水平设立地区虚拟变量（东部 – east、中部 – middle 和西部 – 对照组）①，建立核心解释变量（finance）与虚拟变量的交互项，再次估计模型参数；③用农产品种植结构表征农业资源禀赋，依据农产品种植结构设立地区虚拟变量（以种植水稻为主 – rice、以种植小麦为主 – wheat、以种植玉米为主 – 对照组）②，建立核心解释变量（finance）与地区虚拟变量的交互项，估计模型参数。根据豪斯曼检验结果，所有计

---

① 东部地区包括河北、辽宁、江苏、浙江、福建、山东、广东、海南，中部地区包括山西、吉林、黑龙江、安徽、江西、河南、湖北、湖南，西部地区包括内蒙古、广西、重庆、四川、贵州、云南、陕西、甘肃、宁夏、新疆。
② 划分标准为三种粮食的种植面积占比。以种植水稻为主的地区包括江苏、浙江、福建、江西、湖北、湖南、广东、广西、海南、重庆、四川，以种植小麦为主的地区包括安徽、山东、河南、甘肃、新疆，以种植玉米为主的地区包括河北、山西、内蒙古、辽宁、吉林、黑龙江、贵州、云南、陕西、宁夏。

量分析模型采取固定效应面板数据模型估计参数。

（1）农业财政支出影响单位播种面积农田利用碳排放的实证结果分析

在不考虑区域差异的计量模型中（模型 1），农业财政支出的参数估计结果在 1% 的显著性水平上通过检验，变量系数为正，说明农业财政支出对单位播种面积农田利用碳排放产生了显著的促进作用，农业财政支出越高，碳排放量越大，这可能是因为农业财政支出提高了土地的农业资本要素投入，比如农业机械、化肥和农药等，从而导致单位播种面积上的农田利用碳排放量增加。考虑经济发展水平差异之后的计量模型（模型 2）参数估计结果与模型 1 不存在显著差异，地区虚拟变量与农业财政支出的交互项参数估计结果均未通过显著性检验，说明在东部、中部和西部三大区域，农业财政支出对单位播种面积农田利用碳排放的影响不存在差异，两者的因果关系与经济发展水平无关。在考虑种植结构差异的计量模型中（模型 3），模型整体拟合度有所提高，地区虚拟变量与农业财政支出的交互项参数估计结果分别在 5% 和 1% 的显著性水平上通过检验，说明农业财政支出对单位播种面积农田利用碳排放的影响与农产品种植结构密切相关，交互项的系数值均为负值，说明在以种植玉米为主的区域，农业财政支出对碳排放的促进作用最大，其次是以种植水稻为主的地区，最后是以种植小麦为主的地区。另外，3 个模型的参数估计结果均显示，农业固定资产投资和产业结构的非农化有利于减少单位播种面积农田利用碳排放，而实际务农劳动力人数减少与城镇化提高了农田利用碳排放（见表 10 - 2）。

表 10 - 2　以单位播种面积农田利用碳排放为被解释变量的参数估计结果

模型 1		模型 2		模型 3	
变量	系数	变量	系数	变量	系数
ln$finance$	0. 129 *** (0. 02)	ln$finance$	0. 128 *** (0. 03)	ln$finance$	0. 202 *** (0. 03)
ln$labor$	0. 043 *** (0. 01)	ln$finance$-east	0. 036 (0. 04)	ln$finance$-rice	- 0. 078 ** (0. 04)

续表

模型 1		模型 2		模型 3	
变量	系数	变量	系数	变量	系数
$\ln pro$	−0.197 *** (0.04)	$\ln finance\text{-}midlle$	−0.033 (0.03)	$\ln finance\text{-}wheat$	−0.152 *** (0.04)
$\ln urate$	0.418 *** (0.06)	$\ln labor$	0.047 *** (0.01)	$\ln labor$	0.043 *** (0.01)
$\ln investment$	−0.185 ** (0.07)	$\ln pro$	−0.195 *** (0.04)	$\ln pro$	−0.187 *** (0.04)
$constant$	5.540 *** (0.65)	$\ln urate$	0.424 *** (0.06)	$\ln urate$	0.432 *** (0.06)
		$\ln investment$	−0.163 ** (0.08)	$\ln investment$	−0.196 ** (0.08)
		$constant$	5.274 *** (0.69)	$constant$	5.410 *** (0.68)
R^2	0.671	R^2	0.674	R^2	0.684

注：括号中为标准误差，＊、＊＊、＊＊＊分别表示在10%、5%、1%的水平上显著。

（2）农业财政支出影响农田利用碳排放强度的实证结果分析

农田利用碳排放强度体现的是单位农业产出所释放的碳排放，其经济学含义不同于单位播种面积农业碳排放，农业财政支出对两者的影响可能存在差异。在不考虑区域差异的计量模型中（模型4），农业财政支出的参数估计结果在1%的显著性水平上通过检验，系数值为负，说明农业财政支出有利于降低农田利用碳排放强度，减少单位农业产出带来的碳排放，有利于降低农业发展的环境成本。考虑区域差异之后的计量模型整体上拟合度有所提高，在考虑经济发展水平差异的计量模型中（模型5），农业财政支出与东部地区交互项的系数值显著为负，与中部地区交互项的参数估计结果没有通过显著性检验，说明在经济发展水平较高的东部地区，农业财政支出的减排效应最显著，该效应在中西部地区不存在差异。在考虑农产品种植结构差异的计量模型中（模型6），两个交互项的参数估计结果均通过了显著性检验，变量的系数值为正，说明在以种植玉米为主的地区，农业财政支出的减排效应最强，其次是以种植水稻为主的地区，最后是以种植小麦为主的地区，农业财政支出对农田利用碳减排效应与农产品种植结构相关。另外，从模型参数估计结果来看，城镇化水平、农业固定资产投资均具有明显的农田利用碳减排效应，而实际务农劳动力人数的作用与之相反，劳动力人数减少提高了农田利用碳排放强度（见表10-3）。

表 10-3　以农田利用碳排放强度为被解释变量的参数估计结果

模型 4		模型 5		模型 6	
变量	系数	变量	系数	变量	系数
ln*finance*	−0.313 *** (0.04)	ln*finance*	−0.225 *** (0.05)	ln*finance*	−0.473 *** (0.06)
ln*labor*	0.064 *** (0.02)	ln*finance-east*	−0.253 *** (0.07)	ln*finance-rice*	0.194 *** (0.07)
ln*pro*	−0.008 (0.07)	ln*finance-middle*	−0.057 (0.06)	ln*finance-wheat*	0.268 *** (0.07)
ln*urate*	−1.691 *** (0.10)	ln*labor*	0.047 *** (0.02)	ln*labor*	0.068 *** (0.02)
ln*investment*	−0.390 *** (0.14)	ln*pro*	−0.020 (0.06)	ln*pro*	−0.026 (0.06)
constant	21.549 *** (1.19)	ln*urate*	−1.692 *** (0.10)	ln*urate*	−1.708 *** (0.10)
		ln*investment*	−0.532 *** (0.14)	ln*investment*	−0.327 ** (0.14)
		constant	23.031 *** (1.24)	*constant*	21.386 *** (1.24)
R^2	0.817	R^2	0.824	R^2	0.825

注：括号中为标准误差，*、**、***分别表示在10%、5%、1%的水平上显著。

五　研究结论与政策启示

（一）结论

本章首先通过估计核密度函数和计算基于"农业经济距离"的莫兰指

数，揭示了农田利用碳排的区域分布特征；其次从理论上分析了农业财政支出对农田利用碳排放的影响，并利用2000～2014年的省级面板数据实证研究了农业财政支出对农田利用碳排放的影响效果及其区域差异，得到了以下几点结论。

（1）随着农业生产方式的改变，单位播种面积农田利用碳排放增加，区域差异扩大，且存在少数排放量较大的省份。由于农业发展水平和要素投入结构的相似性，基于"农业经济距离"空间权重矩阵计算的莫兰指数显示，农业经济发展水平越接近的地区，碳排放水平差异越小，存在显著的空间自相关性，2014年莫兰指数数值大于2000年，空间自相关趋势增强。农业生产方式的改变大幅提高了农业产值，农田利用碳排放强度逐步降低，集中趋势明显，基于相同空间权重矩阵计算的莫兰指数显示农田利用碳排放没有表现出空间自相关特征。

（2）在农村劳动力转移规模持续扩大的背景下，农业财政支出尤其是对农业要素投入的补贴有利于增加劳动力节约型和土地节约型农业资本要素投入，改变以劳动力投入为主的传统农业生产方式，从而增加农田利用碳排放量。与此同时，旨在改善农田利用方式和提高农业技术水平的农业财政支出有利于发挥农田利用的"碳汇"功能，从而减少农田利用碳排放量。因此，农业财政支出的碳排放综合效应取决于以上两种效应之和。

（3）农业财政支出有利于农业资本要素投入增加和农业产出增加，从而提高单位播种面积农田利用碳排放，但有利于降低碳排放强度，具有一定的减排效应，并且该效应存在区域差异。受经济发展水平和农产品种植结构的影响，在以种植玉米为主的地区，农业财政支出提高对单位播种面积农田利用碳排放的作用最显著，其次是以种植水稻或小麦为主的地区。东部地区农业财政支出对农田利用碳排放强度的减排效应超过了中西部地区，在以种植玉米为主的地区超过了以种植水稻或小麦为主的地区。农业财政支出影响农田利用碳排放的区域差异体现了经济发展水平和农业资源禀赋的差异。

（4）从驱动因素来看，农村劳动力转移、农业基础设施建设和城镇化有利于改善农业生产条件和农业生产方式，对农田利用碳排放存在显著影响。

（二）政策启示

第一，降低农田利用碳排放有利于减少全国温室气体排放量，应通过提高农业生产效率、完善农田利用方式等来减少农田利用碳排放总量，以保证农田的永久耕作能力、维持农业发展的可持续性。

第二，充分发挥农业财政支出降低农业碳排放的引导作用，通过农业财政补贴，引导农业资本要素和能源的合理使用，在降低农田利用碳排放强度的同时，降低单位播种面积农田利用碳排放。要逐步提高"绿箱"农业政策比重，促进农业技术进步，节约资源投入，抑制农田利用碳排放的增长速度。

第三，在经济发展水平和农业资源禀赋存在差异的不同地区，制定差异化干预政策和财政支出偏向，尤其是在以种植水稻或小麦为主的地区，农业财政支出降低农田利用碳排放强度的效应相对较弱，政府应提高财政支出与当地农业资源禀赋和生产条件的耦合程度，最大化财政支出效率。

第十一章　支农财政、技术进步偏向与
农业碳排放强度

中国农业生产方式正处于关键转型期，支农财政和农业技术进步强化了农村劳动力转移对传统农业生产方式的冲击，通过影响农业生产要素投入等途径产生对生态环境的压力。本章基于 2000～2014 年省级面板数据，实证研究了支农财政补贴、农业技术进步偏向及两者的交互作用对农业碳排放强度的影响。经验检验结果表明，支农财政补贴提高了农业碳排放强度，但是与资源禀赋相耦合的农业技术进步及其与支农财政补贴的交互作用有利于降低农业碳排放强度，具有明显的减排效应。考虑种植结构的差异之后，支农财政补贴及其与农业技术进步偏向的交互项对农业碳排放强度的影响存在显著的区域差异。为降低农业碳排放强度，应该通过财政支持推动与农业资源禀赋相耦合的技术进步，提高支农财政补贴的生态导向和差异化程度。

一　引言

改革开放之后，中国经济维持了长期的高速增长，2017 年经济规模超过 82.7 万亿元，与此形成鲜明对比的是，过度依赖要素投入的增长方式导致中国环境污染成本越来越高[1]。气候变化是全球面临的主要生态环境

---

[1] 中国经济增长前沿课题组等：《中国经济长期增长路径、效率与潜在增长水平》，《经济研究》2012 年第 11 期；杨继生等：《经济增长与环境和社会健康成本》，《经济研究》2013 年第 12 期。

问题之一，温室气体排放导致的气候变暖已成为威胁经济可持续发展的关键因素，农业碳排放是温室气体排放的重要组成部分之一，据政府间气候变化委员会的测算，农业碳排放占碳排放的比例高达 30%[①]，控制农业碳排放量对改善生态环境、实现全国碳减排目标具有重要意义。

为支持工业部门的快速发展，国家在很长时间内对农业发展进行了严格管制，农村税费改革之后，农业政策发生了根本性转向[②]，"多予少取"的反哺性农业政策陆续出台，公共财政对农业发展的支持力度逐年增大[③]，已形成相对完整的支农财政体系。随着支农财政补贴的增加，农业机械、化肥和农药等资本要素的投入比例显著上升，这些要素在提高了农业生产效率和农业产出的同时，也对环境产生了更大的压力。与此同时，在国家农业科技财政政策的支持下，农业技术水平有了长足发展，对农业产出增长的贡献率越来越大[④]。毋庸置疑，支农财政补贴和农业技术进步对促进农业生产方式转型和建立现代化农业生产方式起到了积极的推动作用，但由此带来的环境问题也应受到学术界重视。促进经济由"又快又好"向"又好又快"的增长方式转型、加强生态文明建设已成为我国经济发展的重要指向，为推动农业经济的可持续发展，有必要厘清支农财政与农业技术进步偏向对农业碳排放的影响，为制定农业碳减排的财政支持和技术研发政策提供理论依据。

二 文献回顾与研究假设

中国是个农业大国，在农村劳动力大规模向非农部门转移之后，以劳

---

① Food and Agriculture Organization of The United Nations（FAO）.

② 郁建兴等：《农业农村发展中的政府与市场、社会：一个分析框架》，《中国社会科学》2009年底6期。

③ 《中国统计年鉴》数据显示2014国家用于支持农业发展的财政支出为5816.6亿元，是2000年的7倍多。

④ 梁平等：《中国农业技术进步的路径与效率研究》，《财贸研究》2009年第3期。

动力投入为主的传统农业生产方式受到冲击。当前，农业生产方式正处于关键的转型期，农业碳排放总量快速增长，对温室气体排放的贡献率不可低估①。在此背景下，学术界基于多个角度研究我国农业碳排放的影响因素，包括农地利用方式、农业技术进步、产业集聚、城镇化以及农村金融发展等。伍芬琳等研究认为相对于翻耕和免耕两种耕作方式，对农田的保护性耕作有利于减少碳减排②；张小洁等认为土地规模化经营会通过改变农业要素的配置方式而影响碳排放③；杨钧分析发现农业技术进步显著增加了农业碳排放总量，但有利于降低农业碳排放强度，减排效应与人力资本相关④；胡中应等认为产业集聚对能源利用效率产生影响，农业碳排放会随农业产业集聚呈现倒"U"形特征⑤。

为保障农产品供给和粮食安全，多数国家直接或间接地对农业进行财政补贴，然而支农财政除了会影响农业产出、农产品价格和农民收入等经济变量之外，也会通过影响农业生产要素投入和农业技术进步而产生明显的环境效应。支农财政补贴无论是激励了集约型农业生产方式还是粗放型农业生产方式，都有可能对生态环境造成不利影响⑥。当然，支农财政补贴也可能因为采取了合适的补贴方式或制定了协同性政策而降低对环境的破坏，Serra 等研究发现脱钩农业补贴政策有利于降低农药的使用量，进而有利于减少碳排放和环境污染⑦；Taheripour 等发现农业补贴对生态环境的

① 李波等：《中国农业碳排放时空特征及影响因素分解》，《中国人口·资源与环境》2011 年第 8 期。
② 伍芬琳等：《保护性耕作对农田生态系统净碳释放量的影响》，《生态学杂志》2007 年第 12 期。
③ 张小洁等：《土地规模化经营对农业碳排放的影响机制》，《广东农业科学》2012 年第 20 期。
④ 杨钧：《农业技术进步对农业碳排放的影响——中国省级数据的检验》，《软科学》2013 年第 10 期。
⑤ 胡中应等：《产业集聚对我国农业碳排放的影响》，《山东社会科学》2016 年第 6 期。
⑥ 汪小勤等：《农业直接补贴政策：文献综述与国别研究》，《河南社会科学》2016 年第 3 期。
⑦ Serra, Teresa, Zilberman, David, Goodwin, Barry, K. et al., "Replacement of Agricultural Price Supports by Area Payments in the European Union and the Effects on Pesticide Use", *American Journal of Agricultural Economics* 87 (4), 2010.

影响与补贴方式关系紧密，当农业直接补贴与环境税相结合实施时，可以降低碳污染[1]。

新古典增长理论认为外生性技术进步是提高产出的关键，生产技术决定了生产要素的边际产出和生产过程对要素投入量与能源的依赖。在农业发展中，技术水平本身是影响农业碳排放的关键因素，但技术进步并不必然降低碳排放[2]，农业技术进步与资源禀赋的耦合程度是决定其减排效应的核心，与资源禀赋相适宜的技术进步有利于提高生产要素利用效率，强化技术进步的减排效应[3]。与其他经济部门不同的是，农业生产依赖于供给弹性相对较小的土地，其技术进步方式和形态与农业资源禀赋关系密切，诱致性技术变迁理论认为，长期来看农业技术进步内生于农业资源禀赋分布，在要素相对价格差的激励下，技术进步倾向于节约相对稀缺的资源，实现丰裕资源对稀缺资源的替代[4]。然而，经验研究表明受要素市场发育、农业政策导引、农业基础设施建设等干预性条件的约束，要素替代成本或高或低，技术进步并不是总能体现资源禀赋的相对稀缺性，即技术进步偏向并不一定能够实现通过要素替代体现出与资源禀赋特征的一致性[5]，农业技术进步的减排效应值得探究。

已有研究通常单独考虑农业财政补贴和农业技术进步水平对碳排放的

①　Farzad Taheripour, Madhu Khanna, Carl H. Nelson, "Welfare Impacts of Alternative Public Policies for Agricultural Pollution Control in an Open Economy: A General Equilibrium Framework", *American Journal of Agricultural Economics* 90 (3), 2010.

②　魏巍贤等:《技术进步对中国二氧化碳排放的影响》,《统计研究》2010 年第 7 期; Jaffe, A. B., Newell, R. G., Stavins, R. N., "Environmental Policy and Technological Change", *Environmental & Resource Economics* 22 (1-2), 2002.

③　Chang, S. C., "The Effects of Trade Liberalization on Environmental Degradation", *Quality & Quantity* 49 (1), 2013; Acemoglu, Daron, Aghion, Philippe, Hémous, David., "The Environment and Directed Technical Change in a North-South Model", *The American Economic Review* 102 (1), 2012.

④　Fienup, D. F. Hayami, Yujiro, Vernon W. Ruttan, "Agricultural Development: An International Perspective", *Economic Development & Cultural Change* 82 (2), 1985; 林毅夫等:《我国农业技术变迁的一般经验和政策含义》,《经济社会体制比较》1990 年第 2 期。

⑤　郑旭媛等:《资源禀赋约束、要素替代与诱致性技术变迁——以中国粮食生产的机械化为例》,《经济学(季刊)》2017 年第 1 期。

影响，鲜有研究关注到支农财政、农业技术偏向及其两者的交互作用给农业发展带来的环境效应。实际上，在政府对农业发展的干预过程中，支农财政补贴和技术进步偏向相互影响。一方面，支农财政补贴尤其是对生产要素的补贴直接影响农业生产要素的投入结构，进而影响到农业技术进步偏向，以此产生对生态环境不同的压力。例如，在土地资源相对稀缺的农业区域，如果政府鼓励可以提高土地产出率的要素投入，同时增加对农业生化技术研发的补贴，农业技术进步则可能朝着节约土地的方向进行，从而提高农业的生产效率，减轻对环境的压力。反之，如果政府强化对劳力节约型生产要素投入的补贴，则得到相反结果。另一方面，农业技术进步水平和偏向有可能进入政府的支农财政决策函数，影响决策部门对农业发展方式的判断和支农财政的补贴额度、补贴偏好等，进而导致不同的环境效应。中国农业资源禀赋的区域分布差异较大，各农业区域不同的禀赋特征导致了农业发展方式的差异，仅从地形地貌来看，以平原为主的东北、华北及以山地和丘陵为主的南方地区，农产品种植结构显著不同，农业发展方式也自然不同，研究相关因素对农业碳排放的影响应充分考虑种植结构的区域异质性。鉴于以上分析，本章提出以下待验证的研究假设。

研究假设1：随着农村劳动力的转移，以劳动力投入为主的农业生产方式受到冲击，在此背景下，支农财政补贴尤其是对生产要素的补贴有利于提高农业资本要素投入比例，短期内其增速可能高于农业生产总值的增速，导致农业碳排放增加并提高农业碳排放强度。

研究假设2：根据诱致性技术变迁理论，农业技术进步将朝着节约稀缺生产要素的方向进行，与资源禀赋相耦合的农业技术进步偏向有利于提高生产要素的边际产出和农业生产效率，降低农业碳排放强度。

研究假设3：支农财政补贴与农业技术进步偏向存在明显的交互作用，支农财政在一定程度上会强化诱致性技术进步偏向，以此强化农业技术进步偏向的减排效应，从而降低农业碳排放强度。

研究假设 4：在不同的农业区域，农产品种植结构不同导致生产要素的投入结构和生产技术有所差异，支农财政补贴及其与农业技术进步偏向的交互作用对农业碳排放强度的影响可能不同。

三　研究设计

（一）变量选择与说明

由支农财政补贴和技术进步带来的农业生产方式转型会同时产生农业产出增加和农业碳排放增长两种效应，为客观评价农业发展的环境成本，反映农业发展方式变化对环境的影响，本章构建农业碳排放强度而非碳排放总量指标作为计量模型中的被解释变量。为保证研究结论的可靠性，同时计算两个反映碳排放强度强度的指标：单位播种面积农业碳排放（$C\_intensity_1$）和单位产值农业碳排放（$C\_intensity_2$）。

农业碳排放碳源结构复杂，包括农田利用碳排放、稻田碳排放、秸秆碳排放、种植业碳排放和牲畜养殖碳排放五个主要部分，但并不是所有类型的碳排放均与支农财政和农业技术进步相关，书中核算的农业碳排放主要源于农业要素投入和农地耕作方式，其他几类农业碳排放受支农财政和技术进步偏向的影响相对较小，未包含在内，后文不再说明。本章利用生命周期法核算碳排放总量，首先确定碳排放活动，其次依据相应的碳排放系数进行加总，碳排放源包括化肥、农膜、柴油、农药、翻耕和灌溉等，排放系数来自 IPCC2006、IREEA、美国橡树岭国家实验室等的研究①。

计量模型中的核心解释变量包括支农财政（support）、农业技术进步偏向（match）及两者的交互项——支农财政与农业技术进步偏向的乘积。支农财政内涵丰富，狭义上指对农民的直接补贴，广义的支农财政补贴是

---

① 这些系数也是同类研究中测算农业碳排放的常用系数。

指为扶持和促进农业发展所提供的所有公共财政支出，除直接补贴之外，还包括与农产品价格支持制度、农业基础设施建设、农业科研与推广服务等相关的财政支出，书中的支农财政补贴为后者。当前，直接农业财政补贴规模占支农财政支出的比重超过30%[①]，除此之外，农业基础设施建设、农业科研服务等财政支出的占比也显著上升。借鉴陈飞等的研究[②]，用农业财政支出占地方财政预算总支出比重表征支农财政补贴，既可以剔除由于农业规模不同导致的财政支出规模差异，也可以通过数值体现政府对农业发展的相对关注度。农业技术进步偏向的实际含义是指技术进步与资源禀赋的耦合协调度，数值越大意味着与当地资源禀赋的耦合程度协调越高，越有利于农业发展。借鉴魏金义等的研究[③]，基于耦合函数构建农业技术进步与资源禀赋的耦合协调度函数。函数值介于0到1之间，依据数值大小将耦合协调度分为四个层级：低度耦合（$0 < match \leq 0.3$）、中度耦合（$0.3 < match \leq 0.5$）、高度耦合（$0.5 < match \leq 0.8$）和极度耦合（$0.8 < match \leq 1$）。测算结果显示大部分省份测算期内技术进步偏向与资源禀赋耦合协调度均值处于中度耦合区间，部分省份在个别时间节点处于高度耦合区间。

计量模型中的控制变量为其他可能影响农业碳排放的因素，包括以下几点。①经济发展水平（gdp），用人均地区生产总值表示。经济发展水平越高的地区，商品和要素市场发育更成熟，存在相对先进的农业社会化服务体系，有利于形成合理价格水平，引导农户合理确定农业资本要素投入和生产决策，对农业碳排放产生影响。②务农劳动力人数（$labor$）[④]。随着从事务农劳动的相对收益下降，农村劳动力大量转移到城市，实际务农劳动

[①] 以国家层面的四项主要农业补贴数据来看，2007的补贴规模为513.6亿元，2012年已经达到1643亿元，未找到2012年之后的官方统计数据。

[②] 陈飞等：《农业政策、粮食产量与粮食生产调整能力》，《经济研究》2010年第11期。

[③] 魏金义等：《农业技术进步与要素禀赋的耦合协调度测算》，《中国人口·资源与环境》2015年第1期。

[④] 各类统计年鉴均未包括该变量的准确数据，本章将务农劳动力人数界定为乡村就业总人数减去在私营企业就业、从事个体经营和在乡镇企业就业的人数。

力人数明显下降。然而，近年来农产品价格持续上涨对农业生产活动产生了明显的激励效应，为弥补农村劳动力转移导致的投入不足，劳动力节约型农业资本要素的投入迅速增加，影响了农业碳排放水平。③农业固定资产投资（investment）。农业基础设施建设是影响农业生产成本和全要素生产率的重要因素，完善的农业基础设施可以降低农业要素投入，提高农业全要素生产率，从而减少碳排放。而农业固定资产投资（不含农户）决定了农业基础设施建设水平，以此影响农业碳排放。④非农业产业占比（industry），用非农产业产值占地区生产总值之比表示。非农产业的发展通过影响农业要素投入和生产方式影响农业碳排放。首先，非农产业的发展水平决定了农业产业的价值链延伸长度，从而影响农业生产附加值和相对收益，这在一定程度上决定了农业生产规模；其次，非农产业的发展决定了农村劳动力转移的目标区域和非农收入水平，而非农收入水平又会反过来影响转移劳动力所在家庭的"兼业"形态和农业生产决策①。以上两种机制决定了非农产业发展影响农业碳排放的效果。⑤城镇化（urbanization），用城镇人口占地区总人口之比表示。推动城镇化是近年来我国推行的重要经济发展战略，城镇化意味着部分农业生产要素向城市转移，对经济增长和农业发展产生了显著的影响。城镇化的推进有利于提升生产要素在二元经济框架下的配置效率，通过影响农业生产要素的流动和新型农业生产方式的建立影响农业碳排放。

为反映不同农业种植结构下支农财政、农业技术进步偏向对农业碳排放影响的差异，计量模型中设置种植结构虚拟变量。粮食作物是内生于农业生产条件的农产品，在我国不同的农业区域，粮食作物的播种面积构成不同，最能体现农产品种植结构的差异。我国粮食作物主要包括水稻、小麦和玉米，本章根据各地区三种粮食作物播种面积的构成，可以大致分为3类：以种植水稻为主、以种植小麦为主和以种植玉米为主的地区。将以

---

① 吴伟伟等：《非农收入对农业要素投入结构的影响研究》，《中国人口科学》2017 年第 2 期。

种植玉米为主的地区设为参照组，*rice* 表示以种植水稻为主的区域，*wheat* 表示以种植小麦为主的区域。

（二）数据来源与基准验证模型

由于产业结构和农业生产条件的特殊性，本章的研究样本为剔除北京、天津、上海、西藏和青海之后的 26 个省份，数据为 2000 年至 2014 年的平衡面板数据，样本观测值共计 390 条，来自《中国统计年鉴》、《中国区域经济统计年鉴》、《中国农村统计年鉴》和《中国农业统计资料》等数据库。为使数据更加平稳，回归分析中取各变量原始数据的自然对数值。基准计量分析模型为：

$$C\_intensity_{it} = \beta_0 + \beta_1 \cdot \ln\_support_{it} + \beta_2 \cdot \ln\_match_{it} + \beta_3 \cdot \ln\_support_{it} \times \ln\_match_{it}$$
$$+ \beta_k \sum_k x_{it}^k + u_i + \varepsilon_{it}$$

x 为控制变量，u 为体现个体差异的截距项，ε 为随机扰动项。对于面板数据模型，基于不同模型假定得到的参数估计结果差异较大。固定效应面板数据模型主要依据组内动态信息，参数估计过程可以部分控制内生性问题，而随机效应面板模型同时利用组内和组间信息，具有更高的估计效果，但是在处理内生性问题上有所欠缺。Hausman 统计学检验可用于选择适宜的数据模型估计参数，通过比较统计量与临界值的数值来选择模型，后文中的计量模型均提供了 Hausman 检验结果，支持固定效应模型。为消除模型异方差导致的不利影响，采用广义最小二乘法（GLS）估计模型参数。

四 实证结果分析

（一）农业碳排放强度的区域分布

我国省域经济发展差距较大，各地受财政实力、农业技术水平的约束，农业生产方式的转型方向和速度差距很大，农业发展形态各异。尤其在 2000 年之后，农村劳动力逐步由绝对剩余转向相对剩余，各地传统农业生产方式受到较大冲击，由此导致的农业碳排放区域分布也呈现明显变化。本章利用非参数方法估计 2000 年、2005 年、2010 年和 2014 年农业碳排放强度的密度函数，分析其区域分布情况及时序演变特征。从统计学上来看，预先假定数据的密度函数形式，可能会因为其与真实密度函数形式不符增加统计分析误差，因此定义任意点 x 核密度估计为：

$$\hat{p}_n(x) = \frac{1}{nh} \sum_{i=1}^{n} K\left(\frac{x - x_i}{h}\right)$$

其中，$k\left(\frac{x - x_i}{h}\right)$ 为核函数，x_i 为样本观测值，n 为样本观测值数量，h 为带宽，本章使用常见的 Epanechnikov 核函数，带宽选择遵循均方误差最小的原则，采用基于数据的自动带宽，计算公式为：$h = 0.9n^{-1/5} \times [s, (Q_{3/4} - Q_{1/4})/1.34]$，$s$ 为样本标准差，$Q_{1/4}$ 为下四分位数，$Q_{3/4}$ 为上四分位数。图 11-1 和图 11-2 分别为单位播种面积农业碳排放和单位产值农业碳排放的核密度函数估计结果。

图 11-1 显示，2000 年单位播种面积农业碳排放均值较小，分布比较集中，存在右偏情形，但并不显著，即只有少数几个单位播种面积碳排放较大的省份。随着时间推移，单位播种面积农业碳排放均值逐年增大，但离散程度增强，意味着单位播种面积农业碳排放的区域差异越来越大。2005 年、2010 年和 2014 年的核密度函数均存在明显的右偏趋势，说明存在少数单位播种面积农业碳排放较大的省份。图 11-2 显示，2000 年至 2014 年，单位产值农业碳排放均值逐年递减，集中趋势越来越强，说明单位产值农业碳排放的区域差异缩小。2005 年核密度函数存在多峰情况，单位产值农业碳排放向不同均值集中，但其他 3 个年份未出现相似的区域分布特征。

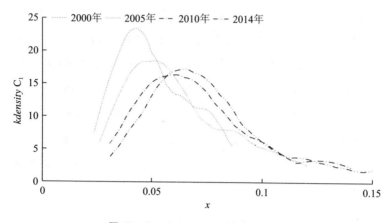

图 11 – 1　*C_intensity*$_1$ 核密度函数

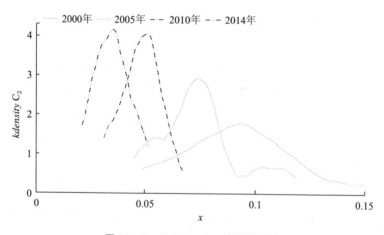

图 11 – 2　*C_intensity*$_2$ 核密度函数

（二）基于全国样本的回归结果分析

模型 1 和模型 2 的回归结果显示，对于两个表征农业碳排放强度的被解释变量，支农财政补贴和技术进步偏向的参数估计值分别在 1% 和 5% 的显著性水平上通过检验，但是两个核心解释变量系数的符号相反，支农财政补贴显著提高了农业碳排放强度，而与农业资源禀赋相耦合的技术进步偏向有利于降低碳排放强度。支农财政与农业技术进步偏向的交互项参数估计结果亦在 1% 的显著性水平上通过检验，参数估计值为负，两者的交互作用有利于降低农业碳排放强度，计量模型的参数估计结果验证了前文的理论研究假设（见表 11-1）。总体上，支农财政补贴虽然有利于增加农业资本要素投入，以弥补农村劳动力转移导致的要素损失，但容易给环境造成压力，而与资源禀赋相一致的农业技术进步，及其与支农财政补贴的交互作用却可以部分抵消支农财政形成的正向温室气体排放效应。另外，由于两个表征农业碳排放强度的被解释变量计算方法不同，其他因素对农业碳排放强度的参数估计结果存在一些差异。

表 11-1　农业碳排放强度的影响因素检验

变量名称	模型 1 被解释变量：$C\_intensity_1$		模型 2 被解释变量：$C\_intensity_2$	
	系数	标准差	系数	标准差
$\ln\_support$	2.953 ***	0.343	2.664 ***	0.398
$\ln\_match$	-0.321 **	0.025	-0.273 **	0.016
$\ln\_support \times \ln\_match$	-0.489 ***	0.057	-0.462 ***	0.066
$\ln\_gdp$	0.217 ***	0.015	-0.601 ***	0.017
$\ln\_labor$	0.028 ***	0.007	0.010	0.008
$\ln\_industry$	-0.049	0.178	4.431 ***	0.206
$\ln\_urbanization$	-0.047	0.058	-0.273 ***	0.067
$\ln\_investment$	-0.480 ***	0.054	0.132 **	0.063
$constant$	8.737 ***	1.686	-26.804 ***	1.954
样本量	390		390	
R^2	0.825		0.961	
F 值	240.719		1244.818	
Hausman 检验统计量	110.93		58.31	

注：***、**、*分别表示在 1%、5%、10% 的水平上通过显著性检验。

（三）考虑种植结构差异的回归结果分析

从考虑了种植结构差异的模型回归结果可以看出，农业技术进步偏向与虚拟变量交互项的参数估计结果未通过显著性检验，说明其对农业碳排放强度的影响与种植结构无关，但是模型4估计结果显示支农财政补贴与虚拟变量的交互项参数估计结果在5%的显著性水平上通过检验，说明其对农业碳排放强度的影响与种植结构相关，在以种植水稻为主的地区，支农财政补贴增加农业碳排放强度的幅度最大，然后是以种植小麦和以种植玉米为主的地区。模型4的估计结果表明，支农财政、农业技术进步偏向与种植结构虚拟变量的交互项参数估计结果非常显著，均在1%的显著性水平上通过检验，支农财政补贴与农业技术进步偏向交互作用的减排效应与种植结构相关，在以种植玉米为主的地区，减排效应最明显，然后是在以种植水稻或小麦为主的地区（见表11-2）。

表11-2　各因素对农业碳排放强度影响的区域差异检验
（以种植结构为虚拟变量）

变量名称	模型 3 被解释变量：$C\_intensity_1$		模型 4 被解释变量：$C\_intensity_2$	
	系数	标准差	系数	标准差
$\ln\_support$	3.627 ***	0.461	1.566 **	0.868
$\ln\_support\_r$	0.013	0.021	0.019 **	0.032
$\ln\_support\_w$	0.005	0.020	0.011 **	0.131
$\ln\_match$	-0.298 ***	0.023	-0.315 ***	0.027
$\ln\_match\_r$	0.031	0.039	0.024	0.038
$\ln\_match\_w$	-0.014	0.005	-0.025	0.034
$\ln\_support \times \ln\_match$	-0.576 ***	0.078	-0.354 **	0.146
$\ln\_support \times \ln\_match\_r$	-0.013	0.056	0.034 ***	0.011
$\ln\_support \times \ln\_match\_w$	-0.010	0.007	0.052 ***	0.012
$\ln\_gdp$	0.251 **	0.031	-0.539 **	0.010
$\ln\_labor$	0.012	0.092	0.046 ***	0.017
$\ln\_industry$	0.895 ***	0.209	1.739 ***	0.393
$\ln\_urbanization$	0.537 ***	0.051	-1.885 ***	0.096
$\ln\_investment$	-0.358 ***	0.071	-0.286 **	0.133

续表

变量名称	模型3 被解释变量：$C\_intensity_1$		模型4 被解释变量：$C\_intensity_2$	
	系数	标准差	系数	标准差
constant	-2.889**	1.883	6.830**	3.546
样本量	390	390		
R^2	0.727	0.837		
F 值	118.299	229.219		
Hausman 检验统计量	94.88	84.37		

注：***、**、*分别表示在1%、5%、10%的水平上通过显著性检验。

五 结论

支农财政补贴和农业技术进步偏向在改善农业生产方式的同时，也会通过改变要素投入等途径对环境造成一定的压力，尤其是在由传统农业生产方式向现代农业生产方式转型的早期阶段，农业资本要素投入明显增加，对能源消耗的依赖程度更强，容易导致农业碳排放在短期内快速上升。本章研究了支农财政、农业技术进步偏向及其交互作用对农业碳排放强度的影响，基于省级面板数据的回归分析发现，支农财政补贴显著增加了农业碳排放强度，但是与资源禀赋相耦合的农业技术进步有利于降低农业碳排放强度，支农财政补贴与农业技术进步偏向的交互作用也有显著的减排效应。考虑到种植结构差异之后，回归分析结果表明支农财政补贴及其与农业技术进步偏向的交互作用对农业碳排放强度的影响存在区域差异，而农业技术进步偏向对农业碳排放强度的影响与种植结构无关。支农财政补贴在以种植玉米为主的地区提高碳排放强度的幅度最小，其与技术进步偏向交互作用的减排效应的大小顺序依次为以种植玉米为主的地区、以种植水稻为主的地区和以种植小麦为主的地区。建立现代化的环境友好型农业生产方式、节约资源利用，是我国农业改革的重要目标，也是在推进生态文明建设背景下我国农业发展的必由之路。为减少农业发展对环境的压力，降低农业碳排放强度，基于本章的研究结论可得到以下政策启示。①应该注重支农财政政策的差异性，尤其需要考虑不同农业区域的资源禀赋特征，通过农业财政补贴，鼓励与当地农业资源禀赋相耦合的农业技术进步。诱致性农业技术变迁理论认为，在没有过多外界干预的情况下，农业技术会内生于当地既有的各种自然资源、文化、制度等，美国和日本两个农业发展条件完全不同，其农业技术进步印证了只有与资源禀赋耦合的技术进步才能在提高农业产出的同时，降低对环境的破坏。例如，支农财政可以对不同生产要素投入实行差异化补贴策略，适度加大节约当地稀缺资源要素投入的补贴力度，鼓励农业生产技术沿着节约稀缺资源的路径提升。②继续完善支农财政支出制度，强化生态建设导向，适度加大"绿箱"支农政策力度，引导合理使用农业生产要素。一些直接补贴农产品和生产要素的"黄箱"政策通常导致具有较强碳排放效应农业生产要素的过度使用，也容易导致对农地的过度开发，造成短时间内碳排放急剧上升，带来环境污染。而"绿箱"农业支持政策虽然是脱钩补助，对农户不具有直接的激励效应，但是有利于改善农业生产外部条件和基础设施，提高从事农业生产的相对收益，同样具有增加农业产出的作用。③我国农业资源的区域差异明显，各地农作物种植结构不同，而水稻、玉米和小麦三种主要粮食作物的种植方式存在较大差异，种植技术各具特点，生产过程中对环境的影响也不同。为减少农作物生产方式改变带来的碳排放增加，要求提高支农财政的精细化程度，考虑不同农作物要素投入结构和生产方式的差异，充分发挥支农财政补贴作用，降低农业碳排放。

参考文献

1. 蔡昉：《劳动力迁移的两个过程及其制度障碍》，《社会学研究》2001 年第 4 期。

2. 程名望等：《中国农村劳动力转移动因与障碍的一种解释》，《经济研究》2006 年第 4 期。

3. 郭熙保等：《我国农村留守劳动力结构劣化状况及其对策思考——基于湖北、湖南、河南三省调查数据的分析》，《中州学刊》2010 年第 5 期。

4. 李旻等：《农村劳动力流动对农业劳动力老龄化形成的影响——基于辽宁省的实证分析》，《中国农村经济》2010 年第 9 期。

5. 赵耀辉：《中国农村劳动力流动及教育在其中的作用——以四川省为基础的研究》，《经济研究》1997 年第 2 期。

6. 李实：《中国农村女劳动力流动行为的经验分析》，《上海经济研究》2001 年第 1 期。

7. Lewis, W. A., "Economic Development with Unlimited Supplies of Labour", *The Manchester School* 22 (2), 1954.

8. Ranis, G., Fei, J. C. H., "A Theory of Economic Development", *The American Economic Review* 51 (4), 1961.

9. Jorgenson, D. W., "Surplus Agricultural Labour and the Development of a Dual Economy", *Oxford Economic Papers* 19 (3), 1967.

10. 蔡昉等：《"民工荒"现象的经济学分析——珠江三角洲调查研究》，《广东社会科学》2005 年第 2 期。

11. 胡雪枝等：《农村人口老龄化对粮食生产的影响——基于农村固定

观察点数据的分析》,《中国农村经济》2012 年第 7 期。

12. Zhang, L., Brauw, A. D., Rozelle, S., "China's Rural Labor Market Development and Its Gender Implications", *China Economic Review* 15 (2), 2004.

13. Gasson, R., "Goals and Values of Farmers", *Journal of Agricultural Economics* 24 (3), 1973.

14. 方松海:《劳动负效用与农户生产决策模型的重构:理论框架》,《经济科学》2008 年第 4 期。

15. Goldsmith, P. D., Gunjal, K., Ndarishikanye, B., "Rural – urban Migration and Agricultural Productibity: The Case of Senegal", *Agricultural Economics* 31, 2004.

16. Todaro, M. P., "A Model of Labor Migration and Urban Unemployment in Less Developed Countries", *The American Economic Review* 59 (1), 1969.

17. Harris, J. R., Todaro, M. P., "Migration, Unemployment and Development: A Two-Sector Analysis", *The American Economic Review* 60 (1), 1970.

18. Johnson, G. E., "Structure of Rural – urban Migration Models", *Eastern Africa Economic Review* 3 (1), 1971.

19. Fields, G. S., "Place – to – Place Migration: Some New Evidence", *Review of Economics & Statistics* 61 (1), 1979.

20. 农业部软科学委员会办公室:《农村劳动力转移与农民收入》,中国财政经济出版社,2010。

21. 韩俊:《跨世纪的难题——中国农业劳动力转移》,山西经济出版社,1994。

22. Foster, A. D., Rosenzweig, M. R., "Economic Development and the Decline of Agricultural Employment", *Handbook of Development Economic* 4

（07），2007.

23. Wang, F., Zuo, X., "Inside China's Cities: Institutional Barriers and Opportunities for Urban Migrants", *American Economic Review* 89（2），1999.

24. 王红玲：《关于农业剩余劳动力数量的估计方法与实证分析》，《经济研究》1998 年第 4 期。

25. 王诚：《中国就业转型：从隐蔽失业，就业不足到效率型就业》，《经济研究》1996 年第 5 期。

26. 蔡昉：《破解农村剩余劳动力之谜》，《中国人口科学》2007 年第 2 期。

27. 郑秉文：《如何从经济学角度看待"用工荒"》，《经济学动态》2010 年第 3 期。

28. 王德文等：《全球化与中国国内劳动力流动：新趋势与政策含义》，《开放导报》2005 年第 4 期。

29. 吴要武：《"刘易斯转折点"来临：我国劳动力市场调整的机遇》，《开放导报》2007 年第 3 期。

30. 侯东民等：《从"民工荒"到"返乡潮"：中国的刘易斯拐点到来了吗?》，《人口研究》2009 年第 2 期。

31. 周天勇：《中国的刘易斯拐点并未来临》，《江苏农村经济》2010 年第 11 期。

32. 伊特韦尔等编《新帕尔格雷夫经济学大辞典》，经济科学出版社，1992。

33. 刘洪仁：《世纪初农民分化的实证追踪研究——以山东省为例》，《农业经济问题》2009 年第 5 期。

34. 郑杭生：《社会学概论新修》，中国人民大学出版社，2003。

35. 陆学艺等：《转型时期农民的阶层分化——对大寨、刘庄、华西等 13 个村庄的实证研究》，《中国社会科学》1992 年第 4 期。

36. 向国成等:《农户兼业化:基于分工视角的分析》,《中国农村经济》2005 年第 8 期。

37. 钟甫宁等:《农民角色分化与农业补贴政策的收入分配效应——江苏省农业税减免、粮食直补收入分配效应的实证研究》,《管理世界》2008 年第 5 期。

38. Coase, R. H., "The Nature of the Firm", *Economic* (11), 1937.

39. 邹薇等:《分工、交易与经济增长》,《中国社会科学》1996 年第 3 期。

40. 黄宗智:《长江三角洲的小农家庭与乡村发展》,中华书局,1992。

41. 于亢亢等:《现代农业经营主体的变化趋势与动因——基于全国范围县级问卷调查的分析》,《中国农村经济》2012 年第 10 期。

42. 潘劲:《烟庄村:一个劳动力流出村庄的经济社会变迁》,中国社会科学出版社,2011。

43. Berg, E. J., "Backward – Sloping Labor Supply Functions in Dual Economies—The Africa Case", *The Quarterly Journal of Economics* 75 (3), 1961.

44. 詹姆斯·斯科特:《农民的道义经济学——东南亚的反叛与生产》,译林出版社,2001。

45. A. 恰亚诺夫:《农民经济组织》,中央编译出版社,1996。

46. Popkin, S., *The Rational Peasant: The Political Economy of Rural Society in Vietnam* (Berkeley: University of California Press, 1979).

47. Schultz, T. W., "Transforming Traditional Agriculture", *Science* 144 (3619), 1964.

48. Sinmon, H., A., *Adminstrative Behavior—A Study of Decision Making Prvcesses in Administrative Organization* (New York: Macmillan Publishing Co, Lnc, 1971).

49. 高帆:《过渡小农:中国农户的经济性质及其政策含义》,《学术研究》2008 年第 8 期。

50. 马小勇：《理性农民所面临的制度约束及其改革》，《中国软科学》2003 年第 7 期。

51. 弗兰克·艾利思等：《农民经济学：农民家庭农业和农业发展》，上海人民出版社，2006。

52. Mellor, J. W. "The Use and Productivity of Farm Family Labor in Early Stages of Agricultural Development", *Journal of Farm Economics* 45 (3), 1963.

53. Sen, A. K., "Peasants and Dualism with or without Surplus Labor", *Journal of Political Economy* 74 (5), 1966.

54. Soule, G., "The Economics of Leisure", *Annals of the American Academy of Political & Social Science* 313 (1), 1957.

55. Huang, Y., "Backward – bending Supply Curves and Behavior of Subsistence Farmers", *Journal of Development Studies* 12 (3), 1976.

56. 陈焕章：《孔门理财学：孔子及其学派的经济思想》，中央编译出版社，2009。

57. 刘润秋等：《农地抛荒的深层次原因探析》，《农村经济》2006 年第 1 期。

58. 经济与合作发展组织：《中国农业政策回顾与评价》，中国经济出版社，2005.

59. 李卫平等：《我国农村卫生保健的历史、现状与问题》，《管理世界》2003 年第 4 期。

60. 改革发展研究院（中国海南）：《中国农村改革路线图》，世界知识出版社，2010。

61. Hayami, Y. and Ruttan, V. W., "Factor Prices and Technical Change in Agricultural Development: The United States and Japan, 1880 – 1960", *Journal of Political Economy* 78 (5), 1970.

62. 王欧等:《农业补贴对中国农户粮食生产的影响》,《中国农村经济》2014年第5期。

63. Yu, W. and Jensen, H. G. , "China's Agricultural Policy Transition: Impacts of Recent Reforms and Future Scenarios", *Journal of Agricultural Economics* 61 (2), 2010.

64. 陈飞等:《农业政策、粮食产量与粮食生产调整能力》,《经济研究》2010年第11期。

65. 应瑞瑶等:《资源禀赋、要素替代与农业生产经营方式转型——以苏、浙粮食生产为例》,《农业经济问题》2013年第12期。

66. 胡瑞法等:《农业生产投入要素结构变化与农业技术发展方向》,《中国农村观察》2001年第6期。

67. Stark, O. , Bloom, D. E. , "The New Economics of Labor Migration", *The American Economic Review* 75 (2), 1985.

68. Mundlak, Y. , "Production Function Estimation: Reviving the Primal", *Econometrica* 64 (2), 1996.

69. 宋洪远:《农村改革三十年》,中国农业出版社,2009。

70. Sah, R. K. , Stiglitz, J. E. , "The Economics of Price Scissors", *The American Economic Review* 74 (1), 1984.

71. 林毅夫等:《我国价格剪刀差的政治经济学分析:理论模型与计量实证》,《经济研究》2009年第1期。

72. 马晓河等:《当前农产品价格上涨成因分析——兼论农产品价格与通货膨胀的关系》,《中国农村经济》1995年第1期。

73. 谭本艳等:《我国CPI波动的长期驱动力与短期驱动力——基于CPI分类指数的分析》,《统计研究》2009年第1期。

74. 徐雪高等:《我国农产品价格波动的历史回顾及启示》,《中国物价》2008年第5期。

75. 黄季焜等:《本轮粮食价格的大起大落:主要原因及未来走势》,

《管理世界》2009 年第 1 期。

76. 程国强等：《新一轮农产品价格上涨的影响分析》，《管理世界》2008 年第 1 期。

77. Reis, R., Watson, M. W., "Relative Goods' Prices and Pure Inflation", *American Economic Journal: Macroeconomics* 2 (3), 2010.

78. Rosegrant, M. W., Zhu, T., Msangi S. et al., "Global Scenarios for Biofuels: Impacts and Implications", *Review of Agricultural Economics* 30 (3), 2008.

79. 卢锋等：《我国粮食供求与价格走势 (1980～2007) ——粮价波动、宏观稳定及粮食安全问题探讨》，《管理世界》2008 年第 3 期。

80. 姚涛：《现阶段我国农产品贸易的结构与特点分析》，《西安财经学院学报》2011 年第 1 期。

81. 李敬辉等：《利率调整和通货膨胀预期对大宗商品价格波动的影响——基于中国市场粮价和通货膨胀关系的经验研究》，《经济研究》2005 年第 6 期。

82. 马龙等：《货币供给冲击是影响我国农产品价格上涨的重要原因吗》，《经济学动态》2010 年第 9 期。

83. 蔡凤景等：《我国货币政策对农产品价格的传导研究》，《统计与决策》2009 年第 9 期。

84. 张利庠等：《外部冲击对我国农产品价格波动的影响研究——基于农业产业链视角》，《管理世界》2011 年第 1 期。

85. 何孝星等：《国内一般物价水平上涨的结构性分析——兼论中国经济发生通胀的可能性》，《经济学动态》2010 年第 10 期。

86. Stiglitz, J. E., "Rural – Urban Migration, Surplus Labour, and the Relationship between Urban and Rural Wages", *Eastern African Economic Review* 1 (2), 1969.

87. Berry, R. A., Soligo, R., "Rural – Urban Migration, Agricultural

Output, and the Supply Price of Labour in a Labour – Surplus Economy", *Oxford Economic Papers* 20 (2), 1968.

88. 杨晓维等:《禀赋异质的同质劳动供给与工资决定》,《北京师范大学学报》2011 年第 2 期。

89. 胡枫:《中国农村劳动力转移的研究:一个文献综述》,《浙江社会科学》2007 年第 1 期。

90. 马述忠等:《健全农业补贴制度——规则、模式与方案》,人民出版社,2010。

91. 林乐芬等,《通货膨胀福利成本与福利效应研究评述》,《经济学动态》2008 年第 11 期。

92. 侯成琪等:《核心通货膨胀:理论模型与经验分析》,《经济研究》2011 年第 2 期。

93. 纪敏等:《结构性价格上涨的结构和总量分析视角》,《经济学动态》2010 年第 7 期。

94. Baumol, W. J., "Macroeconomics of Unbalanced Growth: The Anatomy of Urban Crisis", *The American Economic Review* 57 (3), 1967.

95. 辛贤等:《农产品价格的放大效应研究》,《中国农村观察》2000 年第 1 期。

96. Gardner, B. L., "The Farm – Retail Price Spread in a Competitive Food Industry", *American Journal of Agricultural Economics* 57 (3), 1975.

97. 赵文晋等:《低碳农业的发展思路》,《环境保护》2010 年第 12 期。

98. 黄祖辉等:《农业碳足迹研究——以浙江省为例》,《农业经济问题》2011 年第 11 期。

99. 田云等:《农业碳排放国内外研究进展》,《中国农业大学学报》2013 年第 3 期。

100. 高鸣等:《中国农业碳排放绩效的空间收敛与分异——基于

Malmquist – luenberger 指数与空间计量的实证分析》，《经济地理》2015 年第 4 期。

101. 庞丽：《我国农业碳排放的区域差异与影响因素分析》，《干旱区资源与环境》2014 年第 12 期。

102. 刘华军等：《中国农业碳排放的地区差距及其分布动态演进——基于 Dagum 基尼系数分解与非参数估计方法的实证研究》，《农业技术经济》2013 年第 3 期。

103. 鲁钊阳：《农村金融发展与农业碳排放关系区域差异实证研究》，《思想战线》2013 年第 2 期。

104. 伍芬琳等：《保护性耕作对农田生态系统净碳释放量的影响》，《生态学杂志》2007 年第 12 期。

105. 段华平等：《中国农田生态系统的碳足迹分析》，《水土保持学报》2011 年第 5 期。

106. 李因果等：《面板数据聚类方法及应用》，《统计研究》2010 年第 9 期。

107. 吴贤荣等：《中国省域农业碳减排潜力及其空间关联特征——基于空间权重矩阵的空间 Durbin 模型》，《中国人口·资源与环境》2015 年第 6 期。

108. 何艳秋等：《中国农业碳排放驱动因素的时空特征研究》，《资源科学》2016 年第 9 期。

109. Fingleton, B., J. L. Gallo, "Estimating Spatial Models with Endogenous Variables, a Spatial Lag and Spatially Dependent Disturbances: Finite Sample Properties", *Papers in Regional Science* (3), 2008.

110. 中国经济增长前沿课题组等：《中国经济长期增长路径、效率与潜在增长水平》，《经济研究》2012 年第 11 期。

111. 杨继生等：《经济增长与环境和社会健康成本》，《经济研究》2013 年第 12 期。

112. Food and Agriculture Organization of The United Nations（FAO），*FAO Statistical Yearbook* 2013 - *World Food and Agriculture*［R］. Rome：food and Agriculture Organization of the United Nations，2013.

113. 郁建兴等：《农业农村发展中的政府与市场、社会：一个分析框架》，《中国社会科学》2009 年第 6 期。

114. 梁平等：《中国农业技术进步的路径与效率研究》，《财贸研究》2009 年第 3 期。

115. Serra, Teresa, Zilberman, David, Goodwin, Barry, K. et al. , "Replacement of Agricultural Price Supports by Area Payments in the European Union and the Effects on Pesticide Use", *American Journal of Agricultural Economics* 87（4），2010.

116. Farzad Taheripour, Madhu Khanna, Carl H. Nelson, "Welfare Impacts of Alternative Public Policies for Agricultural Pollution Control in an Open Economy：A General Equilibrium Framework", *American Journal of Agricultural Economics* 90（3），2010.

117. 魏巍贤等：《技术进步对中国二氧化碳排放的影响》，《统计研究》2010 年第 7 期。

118. Jaffe, A. B. , Newell, R. G. , Stavins, R. N. , "Environmental Policy and Technological Change", *Environmental & Resource Economics* 22（1 - 2），2002.

119. Chang, S. C. , "The Effects of Trade Liberalization on Environmental Degradation", *Quality & Quantity* 49（1），2013.

120. Acemoglu, Daron, Aghion, Philippe, Hémous, David, "The Environment and Directed Technical Change in a North - South model", *The American Economic Review* 102（1），2012.

121. Fienup, D. F. Hayami, Yujiro, and Vernon W. Ruttan, "Agricultural Development：An International Perspective", *Economic Development & Cultur-*

al Change 82（2），1985.

122. 林毅夫等：《我国农业技术变迁的一般经验和政策含义》，《经济社会体制比较》1990 年第 2 期。

123. 郑旭媛等：《资源禀赋约束、要素替代与诱致性技术变迁——以中国粮食生产的机械化为例》，《经济学（季刊）》2017 年第 1 期。

124. 魏金义等：《农业技术进步与要素禀赋的耦合协调度测算》，《中国人口·资源与环境》2015 年第 1 期。

后 记

很多年之前，我看到一部反映外出务工人员的电视剧，对大量农民工背负着重重的行囊拥挤在火车站站台上的画面记忆犹新，深深触动了我年幼的心灵。那时年龄虽然小，但知道外出务工者的艰辛，也大概能猜测这或许是改变他自己以及他所在家庭命运的唯一途径。时过境迁，现在每逢春节回到农村，看到村里大部分外出务工的村民无论远近都开着轿车回村时，不免感叹这可能是农村劳动力转移改变命运的最好体现。中国改革开放从变革农村土地经营制度开始，最大的红利之一便是农民获得了外出务工的选择权，可以合理配置家庭成员的劳动时间。改革开放之后，大家似乎都习惯津津乐道的是劳动力转移带来的各种益处，比如增加了农民的收入、改变了农民的命运、提高了城镇化进程等。然而，现如今每当非节假日回到农村，看到村里剩下的大部分是老人、小孩和其他无法外出务工的村民，看到原本可耕种两季的稻田大部分只耕种一季，甚至被撂荒时，心里不免产生阵阵酸楚，农村劳动力转移给农业生产和农村社会带来的冲击处处可见。在今天这个时代，关注农村劳动力转移对农业、农村和农民的后向影响可能具有更重要的研究价值。此书的出版不求其他，仅希望能帮助到阅读者多认识一点农村的现实情况。感谢在学术之路上为我提供支持和帮助的家人、老师和朋友，也感谢出版社的编辑高雁老师为此书出版提供的各种帮助。

吴伟伟

2018 年 6 月

图书在版编目(CIP)数据

刘易斯拐点、农业生产决策与环境效应 / 吴伟伟著
. -- 北京:社会科学文献出版社,2018.10
ISBN 978 - 7 - 5201 - 3327 - 2

Ⅰ.①刘⋯ Ⅱ.①吴⋯ Ⅲ.①农村劳动力 – 劳动力转
移 – 影响 – 农业经济发展 – 研究 – 中国 Ⅳ.①F323

中国版本图书馆 CIP 数据核字(2018)第 192809 号

刘易斯拐点、农业生产决策与环境效应

著　　者 / 吴伟伟

出 版 人 / 谢寿光
项目统筹 / 高　雁
责任编辑 / 高　雁　梁　雁

出　　版 / 社会科学文献出版社·经济与管理分社 (010) 59367226
　　　　　　地址:北京市北三环中路甲 29 号院华龙大厦　邮编:100029
　　　　　　网址: www. ssap. com. cn
发　　行 / 市场营销中心 (010) 59367081　59367018
印　　装 / 三河市尚艺印装有限公司

规　　格 / 开　本:787mm × 1092mm　1/16
　　　　　　印　张:14　字　数:200 千字
版　　次 / 2018 年 10 月第 1 版　2018 年 10 月第 1 次印刷
书　　号 / ISBN 978 - 7 - 5201 - 3327 - 2
定　　价 / 79. 00 元